汉长安城桂宫

2号建筑遗址（南区）
保护工程报告

西安市文物局　西安市汉长安城遗址保管所　编著

文物出版社

《汉长安城桂宫2号建筑遗址（南区）保护工程报告》编委会

主　任　郑育林

副主任　向　德　黄　伟　甘洪更

主　编　李　勤

编　委　（按姓氏笔画排列）

王永伟　刘和平　刘　勇　李　勤

陈　斌　何潇雨　唐　龙　高亚平

摄　影　刘振东　张建峰　高亚平　刘　勇等

图书在版编目（CIP）数据

汉长安城桂宫2号建筑遗址（南区）保护工程报告／西安市文物局，

西安市汉长安城遗址保管所编著.—北京：文物出版社，2012.12

ISBN 978 - 7 - 5010 - 3596 - 0

Ⅰ.①汉…　Ⅱ.①西…　②西…　Ⅲ.①宫殿遗址－文物保护－

西安市－汉代－文集　Ⅳ.①K878.34 - 53

中国版本图书馆CIP数据核字（2012）第249903号

汉长安城桂宫2号建筑遗址（南区）保护工程报告

编　著　西安市文物局　西安市汉长安城遗址保管所

封面设计　周小玮

责任印制　陆　联

责任编辑　王　戈

出版发行　文物出版社

（北京市东城区东直门内北小街2号楼）

http://www.wenwu.com

E-mail：web@wenwu.com

印　　刷　北京联华宏凯印刷有限公司

经　　销　新华书店

开　　本　787×1092　1/16　印张：13　插页1

版　　次　2012年12月第1版第1次印刷

书　　号　ISBN 978 - 7 - 5010 - 3596 - 0

定　　价　220元

目　　录

插图目录

实测图目录

彩色图版目录

勇于探索　积极保护

（代　序）

郑育林

2006 年，国家文物局《关于印发〈"十一五"期间大遗址保护总体规划〉的通知》中对大遗址作了如下定义：大遗址主要包括反映中国古代历史各个发展阶段涉及政治、宗教、军事、科技、工业、农业、建筑、交通、水利等方面的历史文化信息，具有规模宏大、价值重大、影响深远特点的大型聚落、城址、宫室、陵寝墓葬等遗址、遗址群。它们的占地面积，小者几十公顷，大者可达几十平方公里。

西安是中华文明繁衍勃发之地，先后有周、秦、汉、唐等十三个王朝在此建都，是我国古代王朝都城的集中所在地，周、秦、汉、唐的盛世遗迹俯仰皆是，以周丰镐、秦阿房宫、汉长安城和唐大明宫等为标志的都城遗址，以秦、汉、唐三朝帝陵为代表的陵园遗址，在中华文明史上具有标志性意义。长期以来，大遗址一直是西安文物保护工作的重中之重。西安大遗址的保护对中华民族发展史和中华文明形成史的研究，尤其是多元化时代如何发展中华文明，具有重要意义。

西安地区的大遗址保护工作起步较早，1955～1957 年，西安市政府征地保护在张家坡墓地发掘的四座西周车马坑，并对 2 号车马坑进行了修复保护，修建了简易保护厅；1954～1957 年，在西安东郊浐河东岸的半坡村大规模揭露了一处新石器时代的村落遗址——半坡遗址，1957 年在 3000 平方米的原始村落居住区盖起保护大厅，1958 年对外开放；1961 年 4 月，针对大明宫遗址，国家共征用 58 亩土地保护麟德殿重玄门遗址。这个阶段的保护方式是中央和地方政府采用征地和部分修复、修建保护大厅的方式对大遗址进行保护。

1974 年在西安东郊临潼县秦始皇帝陵以东 1.5 公里处发现了著名的秦兵马俑坑，这是秦始皇陵园中一处大型丛葬坑。1975 年，国家决定

秦阿房宫前殿遗址保护工程完工后现状

唐大明宫含元殿砖窑址保护厅

在俑坑原址上建设博物馆。1979 年 10 月 1 日，博物馆开始向国内外参观者展出。秦始皇兵马俑博物馆是西安地区在"文化大革命"后期实施的大遗址保护项目，采取的保护方式是在原址上修建保护大厅。

20 世纪 80 年代至今，随着国家经济的飞速发展，大遗址保护工作受到更多关注，国家和地方政府的投入不断增加，西安地区的大遗址保护工作也因此受益良多。80 年代中后期，西安市分别在丰镐遗址和大明宫遗址的关键部位修建了展厅。如在丰镐遗址的西周车马坑保存比较完整的 2 号车马坑修建了保护厅，进行了复原并且对外陈列。麟德殿遗址在实施保护工程后也建设了展厅，陈列了出土文物，现在都对公众开放参观。90 年代末，陕西省政府投资 1.6 亿元征用汉阳陵封土周围 2894 亩文物保护用地，建设汉阳陵考古陈列馆。1999 年 9 月 30 日，陈列馆正式建成对外开放。同时，围护了汉长安城天禄阁、石渠阁、城墙重要段落遗址，秦阿房宫前殿遗址；对汉长安城长乐宫 4、5 号建筑遗址、大明宫丹凤门遗址、大唐西市遗址、含光门遗址等修建了保护大厅；对汉长安城桂宫 2 号建筑遗址、长乐宫 6 号建筑遗址、霸城门遗址进行一定复原意义的保护与展示；对大明宫含元殿遗址、麟德殿遗址进行包砌保护展示。通过这些不同展示手段，不仅保护展示了遗址，而且给遗址所在地的民众以非常直观的感受，使他们对文物保护的认识更为直接，也激发了当地政府和群众保护文物的积极性。

汉长安城是我国古代西汉王朝的都城，是当时全国政治、经济、文化的中心，是"丝绸之路"的起点，1961 年被国务院公布为第一批全国重点文物保护单位。汉长安城遗址位于今西安市西北郊，城垣内面积约 34 平方公里，是西安著名的四大遗址之一。其保护是西安地区大遗址保护工作的重要内容。

总结汉长安城遗址的保护工作，主要开展于 20 世纪 90 年代中期至今，在初期成立了保护机构委派专人管理、划定了保护范围、竖立了说明标志、制作了记录档案；第二阶段主要是对城墙重要段落和地面现存夯土台基遗址进行了围栏隔离保护，控制城址整体格局，并且开始探索对地下考古遗迹进行覆土展示的保护方式；第三阶段的保护方式是既修建保护大厅又进行覆土展示、包砌保护展示等。可以说，汉长安城遗址的保护工作在第三阶段有了长足发展。

桂宫 2 号建筑遗址（南区）的保护工作开始于 20 世纪 90 年代末，是汉长安城遗址内第一次探索对考古遗迹进行保护展示的项目。其保护模式对之后实施的各个单体保护项目都具有重要的借鉴意义。

　　《汉长安城桂宫 2 号建筑遗址（南区）保护工程报告》一书详细介绍了汉长安城桂宫的历史沿革、遗址区考古工作、遗址保存现状，重点阐述了桂宫 2 号建筑遗址（南区）保护工程实施的背景、设计方案、项目施工、专家验收、后期管理等工作，并通过实践检验，对该项保护工程进行了绩效分析。该书是西安地区实施大遗址保护工作的一项重要理论成果。

　　只有勇于探索，才能在坚持文物工作基本方针的前提下，广开保护的思路和渠道；只有加强保护，才能更好地延续遗址特色、发挥大遗址的文化功能，使之以独特的个性和文化魅力向人们展示、传承悠久的历史文化。汉长安城桂宫 2 号建筑遗址（南区）的保护模式是西安市实施大遗址保护工作的开创性探索，也实现了保护和展示的有效结合。

　　《汉长安城桂宫 2 号建筑遗址（南区）保护工程报告》即将出版，但西安地区大遗址的保护工作依然任重而道远，让我们把研究成果转化为更科学、更积极、更有效地保护大遗址的行动，让大遗址的保护成果能够达到永续利用的保护目的。

历史研究篇

泾河

渠

惠

渭

河

渭

灞河

沪河

汉长安城

西安市

壹　汉都长安

（一）历史沿革

1. 定都长安

公元前202年，楚汉战争结束，刘邦建立汉朝，史称西汉。西汉王朝定都长安，其中虽然有着复杂的历史原因，但关中地区优越的自然条件，重要的战略地位，发达的农业经济及长安地区独特的地理位置起了决定性的作用。

第一，优越的自然条件。

西汉都城长安，位于今西安西北约10公里，地处被古人称为"陆海丰饶"、"天府之国"的关中平原中部。

"关中"一词大致起源在战国至秦汉时期。古代关中一名所指，一说在函谷关、大散关、武关和萧关之间，一说是在函谷关和陇关之间。关中平原介于秦岭和北山之间，东起潼关，西至宝鸡，长300多公里，南北最宽处达100公里，渭水自西至东纵贯其境，因古时为秦国属地，亦有秦川之称。长安南依秦岭，北临渭水，地处渭河平原最为广阔的地带，地势平坦，土壤肥沃，为关中平原的精华所在。在渭河冲击地南侧，分布着一系列黄土台塬。这些塬面一般海拔为450～700米，除白鹿塬起伏较大外，其他塬面均较平坦，并多呈阶状地形，宜于耕作。秦岭北麓各峪口的洪积扇群向北倾斜，形成山前洪积倾斜平原，与北面的渭河阶地连成一片，宜林牧瓜果。此外，长安水资源丰富，古代即有"八水绕长安"之说。八水是指长安周围的八条主要河流，即东面的灞河、浐河，西面的沣河、滈河，南面的潏河、滈河，北面的渭河、泾河等。丰富的水资源为农田灌溉、漕运和人们生活提供了极大的便利，也使长安成为理想的建都之地。

第二，发达的农业经济。

长安地区自然环境优越，黄土性质疏松、土质均匀，含有多种丰富的矿物质，次生黄土里还含有较多腐殖质，非常适合农耕种植业的发展，自古以来就是人类首选的繁衍生息之地。早在新石器时代的半坡遗址中，就曾发现一个堆积有 18 厘米厚的腐朽谷壳的窖穴，以及开始种植白菜、芥菜的遗迹等。出土遗物中的生产工具以石器为主，其中最多的是农业生产工具，当时已经有开垦耕地的石斧、石锛、石铲、石锄，收割谷类的石刀、陶刀，加工粮食的石制碾磨器等，多磨制得比较精致适用，说明当时已经属于锄农业的发展阶段[1]。

西周时，利用关中的有利地势，发展农业经济，强大国力，在丰京、镐京之间建立了周王朝。春秋末到战国初，铁农具的使用，增强了开荒能力，耕种面积不断扩大。战国时期，秦孝公在全国推行"商鞅变法"，废井田，重农桑。战国末年，秦国在泾河北岸，西引泾水，东注洛水，修建了长达三百余里（灌溉面积号称四万顷）的郑国渠等水利工程，这些措施促进了农业经济的发展。随着周、秦王朝定都关中，关中地区的农业经济日益发达。

第三，便利的水陆交通。

早在西周时期，关中地区就修筑了平坦笔直的道路，专供达官贵人和统治阶级使用，一般老百姓禁止通行。秦始皇统一中国后，为出巡修建了以咸阳为中心通往全国各地的交通道路，即驰道。公元前 212 年，秦始皇派人修建了一条由咸阳直达九原（今内蒙古包头西）的道路，即直道。直道全长一千八百里，是从秦咸阳至九原最近的道路。此外，关中地区还有南起陕西宝鸡、北出宁夏固原境内萧关的回中道，北起陕西宝鸡东陈仓古城，西南出散关，至秦岭折东南入褒谷，抵达汉中的陈仓道，以及南通汉中盆地和巴蜀的褒斜道。

古代关中地区的河流用于水运的是渭、泾、洛三河下游。公元前 647 年，晋国发生饥荒，向秦乞求粮食。秦穆公从秦都雍（今陕西凤翔南）通过渭水用大批舟船给晋国运去许多粮食，史称"泛舟之役"。这说明当时渭水水运能力很强，是秦国最重要的水运河道。

第四，重要的战略地位。

首先，它位于中国地形大势第二阶梯黄土高原的东南部，雄踞黄河

---

〔1〕 马雨林、李润泉《西安半坡遗址》，《西安文物揽胜》（续编），陕西科学技术出版社，1997 年。

中游，对下游各地形成居高临下之势。古人云："自古帝者必居上游。"杜佑《通典·州郡典》曰："夫临制万国，尤惜大势，秦川是天下之上腴，关中为海内之雄地"，故"秦川自古帝王都"。

其次，关中位于我国华北、西北、西南和中南几大地区的交界之地，位置十分重要。它西北通戎狄，西南连巴蜀，东北接三晋，东南达荆楚。《战国策·秦策》记："关中，西有巴蜀、汉中之利，北有貉、代马之用，南有巫黔中之限，东有崤函之固，沃野千里，地势形便，此所谓天府，天下之雄国也。"[1]

最后，关中地区在秦时已形成东有函谷关（今河南灵宝东北）、西有散关（今陕西宝鸡西南秦岭脊北坡）、南有武关（今陕西丹凤东南）、北有萧关（今宁夏固原东南）的"四塞"，后又修筑了其他关隘。战国时，秦国大夫塞叔认为："秦僻在西土，地险而兵强，进足以战，退足以守。"[2]以上几点都说明秦地易守难攻，战略位置也非常重要。

秦朝末年，刘邦于汉五年（公元前202年）六月在汜水（今山东曹县）称帝，建立汉朝，随后西行至洛阳。在此，他召集群臣商议定都之事，士兵娄敬和谋士张良建议定都关中。娄敬认为："秦地被山带河，四塞以为固，卒然有急，百万之众可具。因秦之故，资甚美膏腴之地，此所谓天府。陛下入关而都之，山东虽乱，秦故地可全而有也。夫与人斗，不扼其亢，拊其背，未能全胜。今陛下入关而都，按秦之故，此亦扼天下之亢而拊其背也。"[3]《汉书·张良传》中记载张良劝谏汉高祖刘邦定都关中时说："夫关中左淆函，右陇蜀，沃野千里，南有巴蜀之饶，北有胡苑之利，阻三面而守，独以一面东制诸侯。诸侯安定，河渭漕挽天下，西给京师；诸侯有变，顺流而下，足以委输。此所谓金城千里，天府之国也。"

这两段话说明关中地区自然地理条件优越，土壤肥沃，物产丰富；地势险要，易守难攻；交通便利，四通八达；具有定都所必需的经济、军事、地理等优势。刘邦最终听取了士兵娄敬和谋士张良的建议，定都关中地区秦时的长安乡，称长安城。李善注《西都赋》曰："汉高帝都关中，筑宫城，择嘉名，可长安于子孙，故曰长安城，可常乐于宫室，

---

〔1〕《战国策·秦策》，中华书局，2007年。

〔2〕《史记·秦本纪》卷五，中华书局，1959年。

〔3〕《汉书·娄敬传》卷四十三，中华书局，1962年。

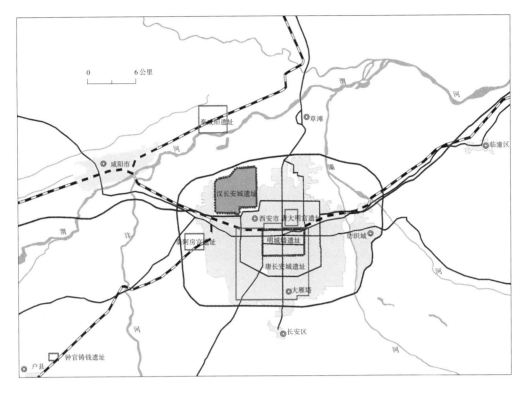

图 1　汉长安城位置图

曰长乐宫，长安之名，自此始著宫室。"[1]

2. 都城建设

公元前 202 年，刘邦听取了谋臣们的意见，入都关中，以古栎阳（今陕西临潼）为临时都城，开始在渭河南岸兴建新都长安城（图 1）。

汉长安城的建设分为以下几个阶段：

汉高祖五年（公元前 202 年），由丞相萧何主持营建工程，在秦代渭水南岸的离宫——兴乐宫的基础上修治长乐宫。高祖七年（公元前 200 年），长乐宫成，高祖自栎阳迁都长安。七年二月，始建未央宫。未央宫的修建首先从东阙、北阙、前殿开始，《史记·高祖本纪》记载："高祖还，见宫阙（即未央宫）壮甚，怒，谓萧何曰：'天下匈匈，劳苦数岁，成败未可知，是何治宫室过度也？'萧何曰：'天下方未定，故可因遂就宫室。且夫天子以四海为家，非令壮丽亡以重威，且亡令后世有以加也。'高祖乃说。"高祖九年（公元前 198 年）十月，未央宫成。在未央宫与长乐宫之间修建武库，在都城北修建了北宫、大市。

[1]　班固《西都赋》，《文选》卷一。

　　汉惠帝元年（公元前194年）开始修筑汉长安城城墙，城墙的修建从西城墙和北城墙开始。至惠帝五年（公元前190年）九月，长安城城墙才基本修完。建筑完工的汉长安城城墙除东城墙较平直外，其余三面城墙多有曲折，其中尤以南、北墙更为凸出，整面北墙由十个墙段组成。关于其他三面城墙曲折的原因，历来看法较多，普遍的观点认为汉长安城西城墙的弯曲是受沈水的影响，西城墙北段只能向东偏移，否则城墙就得横跨于沈水之上，也不利于长安城的建筑与防御。而北城墙弯曲的原因是长安城以北的渭河呈西南—东北流向，北城墙的走向与渭河平行。城墙设计者是考虑到加强都城内部防卫、保证都城城区面积等因素，未沿直线修筑城墙。南城墙是在未央宫、长乐宫和高庙建成后才修建的，考虑到二宫城和高庙的安全，城墙与二宫城南宫墙和宗庙之间不宜再修筑其他建筑，因而南城墙与二宫城相距很近，基本上是依照未央、长乐二宫南宫墙的走向修筑[1]。

　　公元前189年，汉惠帝在高祖六年修建的大市之西建立了重要的商业场所——西市。

　　经过高祖和惠帝时期的营建，汉长安城的基本轮廓已经形成。汉武帝时，经过汉初六七十年的"休养生息"政策的积累，国家财力达到鼎盛，经济空前繁荣。《史记·平准书》记载："汉兴七十余年之间，国家无事，非遇水旱之灾，民则人给家足，都鄙廪庾皆满，而府库余货财。京师钱累巨万，贯朽而不可校，太仓之粟陈陈相因，充溢露积于外，至腐败而不可食。众庶街巷有马，阡陌之间成群。"

　　以丰厚的经济财力为资本，汉武帝于公元前139年招募张骞从长安出发，出使西域，开通了沟通东西方经济、文化交流的"丝绸之路"。同时，他大兴土木，不断充实国都长安城的规模。建元三年（公元前138年）起上林苑，元光六年（公元前129年）穿漕渠，元狩三年（公元前120年）开凿昆明池，元鼎二年（公元前115年）修柏梁台，太初元年（公元前104年）造城西的建章宫，太初四年（公元前101年）营建桂宫和明光宫，还扩建了北宫。汉长安城的建设规模此时达到顶峰。

　　西汉末年，汉平帝元始年间，在长安城南兴建了明堂、辟雍（辟同璧）。汉辟雍与汉明堂一起，是王莽修建的用于"行礼乐，宣德化"的场所。建筑的形制是外圆内方，四周以水环绕。

---

〔1〕 李令福《古都西安城市布局及其地理基础》，人民出版社，2009年。

公元 20 年，篡夺西汉刘氏政权的王莽，在长安城南郊修建了"王莽九庙"，连同汉成帝建始元年（公元前 32 年）于都城长安南郊和北郊修建的郊祀用的泰一坛（圜丘）、社稷坛（官社和官稷）等，构成了都城完整的礼制建筑群。

3. 城市布局

修筑完工的汉长安城基本为正南北向，平面呈不规则方形。四周为夯土城墙，城垣内面积约 34.39 平方公里，城墙周长 25.1 公里[1]。每面城墙开三门，共十二座城门。每座城门有三个门道。城内有八条主要大街，每条大街上有两条排水沟将其分为并行的三股道，即所谓"披三条之广路，立十二之通门"。城墙外有城壕。

宫殿区集中在城内中南部，约占全城面积的三分之二。城的西北隅为东市、西市等工商业区，东北部为一般官吏和平民居住区。

城内主要建筑有长乐宫、未央宫、桂宫、北宫、明光宫和武库等，城西有建章宫，城南有礼制建筑群。

4. 都城废弃

西汉中后期，随着封建社会经济的发展，地主阶级和农民阶级的矛盾不断激化。早在汉成帝时，外戚王莽即控制了西汉政权。公元 8 年，王莽篡夺王位，建立新朝，西汉王朝结束。王莽政权成立后，为解决社会矛盾进行了一系列改革，但却进一步加剧了各方矛盾。公元 17 年，爆发了以王匡、王凤领导的绿林起义。起义不久，宗室刘秀也加入，起义队伍迅速壮大。公元 23 年，绿林军的一支西攻长安，焚毁未央宫，杀死王莽，新莽政权灭亡。

公元 25 年，赤眉军攻入关中，第二年焚烧了汉长安城中的大部分建筑。《汉书·王莽传》记载："赤眉烧长安宫室市里"造成"民饥饿相食，死者数十万，长安为虚，城中无人行"的局面。同年，刘秀在鄗南（今河北柏乡）即皇帝位，随后定都洛阳，沿用"汉"号，后世称东汉。东汉时以长安为西京。

东汉末年，汉献帝一度被董卓胁迫迁都长安。其后军阀混战，攻入长安，汉长安城再次遭到严重破坏。

西晋（愍帝）及前赵、前秦、后秦、西魏、北周、隋（文帝初年）等亦相继以汉长安故城为都，这些小王朝在此虽有营造修饰，但皆未能

---

[1] 董鸿闻、刘起鹤、周建勋、张应虎、梅兴铨《汉长安城遗址测绘研究获得的新信息》，《考古与文物》2000 年第 5 期。

表一   汉长安城建都朝代表

朝　代	起始时间	建都时间
西　汉	公元前 202 年～公元 8 年	210 年
新　莽	公元 8～23 年	15 年
东汉（献帝）	公元 190～195 年	5 年
西晋（愍帝）	公元 313～316 年	3 年
前　赵	公元 319～329 年	10 年
前　秦	公元 351～385 年	34 年
后　秦	公元 386～417 年	31 年
西　魏	公元 535～557 年	22 年
北　周	公元 557～581 年	24 年
隋（文帝初年）	公元 581～583 年	2 年
合　计		356 年

恢复西汉时期的盛况。

开皇三年（公元 583 年），隋文帝于汉长安城东南方向新建都城大兴城，唐代更名长安城。隋唐时期，汉长安城故址成了新都禁苑的一部分。唐贞观七年（公元 633 年），太宗李世民仿效汉高祖刘邦在未央宫设酒宴为其父李渊祝寿。会昌五年（公元 845 年），武宗还在未央宫中修复了两百四十九间殿屋[1]。此后，随着朝代的更替及都城东迁，曾经盛极一时的汉都长安城逐渐被废弃。

汉长安城不仅是西汉王朝的都城，而且是东、西方"丝绸之路"的起点，与当时西方的历史名城罗马，并称为世界上规模最大、最繁华的都市。汉至隋沿用近八百年，作为都城的历史达三百五十余年。

（二）保存现状

汉长安城遗址位于陕西西安西北郊的渭河台塬上，南屏秦岭，西邻涝河，北临渭河，东为团结湖水库（现改名汉城湖）。地理位置介于东经 108°49′08″～108°54′51″、北纬 34°15′52″～34°21′36″之间，海

---

〔1〕 刘庆柱、李毓芳《汉长安城》，文物出版社，2003 年。

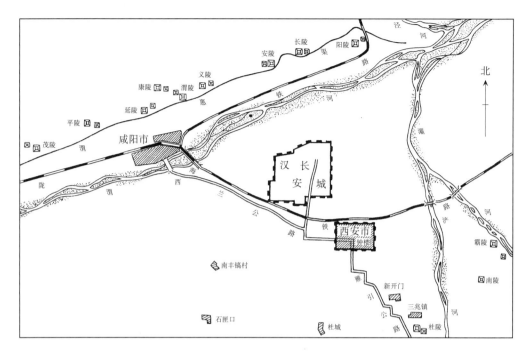

图 2　西汉帝陵分布图

（采自刘庆柱、李毓芳《西汉十一陵》，陕西人民出版社，1987 年）

拔高度 377～405 米。遗址主要分为三个部分，即汉长安城城址区、城西的建章宫遗址区和城南的礼制建筑遗址区。城址区面积约 34.39 平方公里。此外，在汉长安城外的西部和南部有上林苑。西汉王朝十一位皇帝的陵墓分布于汉长安城周边，其中九座陵墓分布在汉长安城以北、渭河北岸的咸阳塬上，两座陵墓分布在汉长安城东南、渭河以南的白鹿塬和少陵塬上（图 2）。

　　时至今日，虽经两千余年的自然侵蚀与人为破坏，但汉长安城遗址保存基本完好，城市格局清楚，分布范围明确，是目前我国保存有城墙、时代较早、规模较大、保存较好的一处统一帝国的都城遗址。

　　汉长安城遗址现存地面遗迹主要为城墙和大型夯土台基。其中夯土遗迹十一处，主要包括未央宫前殿、天禄阁、石渠阁、桂宫夯土台、城西建章宫前殿等遗址。地下已发掘和探明的遗址有数十处，从发掘情况看，未央宫少府遗址、中央官署遗址、椒房殿遗址，桂宫 2、3、4 号建筑遗址，长乐宫 4、5、6 号建筑遗址保存情况较好。

　　汉长安城遗址面积大，根据最新的西安市行政区划，其分布范围涉及三个行政区的七个街道办事处（未央区未央宫、汉城街道办事处；西咸新区沣东新城六村堡、三桥街道办事处；莲湖区红庙坡、枣

表二　　　　　　　　　　　西汉帝陵概况

陵墓	皇帝	位　　置	塬　高	现存高度
长陵	高祖刘邦	咸阳市秦都区窑店乡三义村	十三丈，30 米	32.8 米
安陵	惠帝刘盈	咸阳市渭城区韩家湾乡白庙南村	十二丈，27.84 米	25 米
霸陵	文帝刘恒	西安市灞桥区霸陵乡毛窑院村	因山为陵	
阳陵	景帝刘启	咸阳市渭城区正阳镇张家湾村	十二丈，27.84 米	25.2 米
茂陵	武帝刘彻	兴平市（原兴平县）南位乡茂陵村	十四丈，32.48 米	46.5 米
平陵	昭帝刘弗陵	咸阳市秦都区大王村	十二丈，27.84 米	29 米
杜陵	皇帝刘询	西安市雁塔区三兆村南	十二丈，27.84 米	29 米
渭陵	元帝刘奭	咸阳市渭城区周陵镇新庄村东南	十二丈，27.84 米	25 米
延陵	成帝刘骜	咸阳市渭城区周陵乡严家窑村	十二丈，27.84 米	31 米
义陵	哀帝刘欣	渭城区周陵乡南贺村	十二丈，27.84 米	30 米
康陵	平帝刘衎	渭城区周陵乡大寨村	十二丈，27.84 米	26.6 米

园、桃园街道办事处），五十五个行政村。

1961 年，汉长安城遗址被国务院公布为第一批全国重点文物保护单位。1992 年，陕西省人民政府公布了汉长安城遗址的保护范围，总面积约 65 平方公里，未将礼制建筑遗址区纳入保护范围。

1994 年，西安市政府成立了专门的保护管理机构——西安市汉长安城遗址保管所。2007 年，汉长安城遗址初步列入丝绸之路联合申报世界文化遗产预备名录。2009 年，《汉长安城遗址保护总体规划》获得国家文物局批复同意。该规划确定汉长安城遗址规划范围总面积 75.02 平方公里，包括汉长安城城址区、建章宫遗址区和礼制建筑遗址区。2010 年 7月，陕西省人民政府公布实施《汉长安城遗址保护总体规划》。

依据西安市文物管理局、西北大学城市建设与区域规划研究中心编制的《汉长安城遗址保护总体规划》之调查情况，汉长安城遗址保存现状如下：

汉长安城城址区平面呈不规则方形，东至范家村、郭家村一线，南至大白杨、南窑头、南洪口一线，西至崎岖河一线，北至张道口、席王、西坡村一线，城域面积约 34.39 平方公里。未央宫、长乐宫、桂宫、北宫、明光宫等宫殿区集中于城内中部和南部，约占全城面积

图 3   汉长安城城墙东南角遗址保护工程完工后现状

图 4   霸城门至清明门城墙遗址保护工程完工后现状

图 5 汉城湖景区现状

的三分之二。东、西市位于城内西北部，宅邸闾里区位于未央宫北侧、东侧和城内东北部，十六国、北朝时期宫殿区位于城内东北部。城西有建章宫，城南有礼制建筑，城郊有上林苑、昆明池等。

1. 城墙、城壕遗址

汉长安城城墙为黄土版筑，东、南、西、北城墙长分别为5917米、7453米、4766米、6878米，总长约25014米。地面上现存长度分别为4184米、5873米、1795米、1399米。原高度在12米以上，现存最高约10米，基宽12~16米。除东城墙外，其余三面均有曲折。城外有宽35~45米、深3米的城壕。四面城墙以东、南城墙保存较为完好，特别是西安门以西至西南城角一段城墙保存最为完整。东城墙从东南城角至杨善寨一段保存较好，由杨善寨向北至东北城角保存较差。西、北城墙破坏严重，西城墙被六个村庄占压，三分之二城墙段已遭破坏。北城墙被多达九个村庄占压，六分之五城墙段遭到破坏（图3、4）。

北城壕东段至今仍可辨识，保存较好。东城壕南段和南城壕东段2009年以前现状为积满污水的团结湖水库，破坏严重。2009~2011年，汉长安城遗址保管所配合西安市水务局完成了该段城壕的清淤改造、

图 6 霸城门遗址保护工程完工后现状

周边环境整治、园林绿化、文物保护工程，西安市将此段水文景观改名为汉城湖（图 5）。2011 年 10 月 1 日，汉城湖免费向广大市民开放。其余城壕部分淤平，现状为农田，保存较好；部分被房屋建筑叠压，保存较差。

城墙遗址中已经实施保护展示的有厨城门附近城墙遗址的围栏加固保护、霸城门至清明门遗址重要城墙段落保护展示，在建设汉城湖景区时对霸城门至安门段城墙外部进行了钢护栏围护。

2. 城门遗址

汉长安城四面筑有夯土城墙，每面城墙三门，共十二座城门。每座城门隔墙宽度也不尽相同，中间隔墙宽者 14 米，窄者 4 米，门道宽 7.7~8 米。直城门、宣平门门道之间相隔 4 米，而面对长乐宫、未央宫的霸城门、西安门中间隔墙各宽 14 米，隔墙愈宽，整座城门就愈显得壮观、雄伟[1]。

---

〔1〕 王仲殊《汉长安城考古工作的初步收获》，《考古通讯》1957 年第 5 期；《汉长安城考古工作的初步收获续记——宣平门的发掘》，《考古通讯》1958 年第 4 期。

至今保存较好的有宣平门、霸城门、西安门、直城门遗址，保存较差的有覆盎门、章城门遗址，破坏严重的有清明门、安门、雍门、横门、厨城门、洛城门遗址。

目前，文物部门完成了对霸城门遗址的覆土展示保护（图6），正在进行西安门、直城门遗址的保护展示。

3. 道路遗迹

汉长安城的道路系统文献记载有"八街九陌"。考古发现城内有与城门相通的八条大街。城门外大街目前只发现西安门外大街，推测其他城门外也应有大街。城墙内侧筑有环城道路，文献称为"环涂"或"徼道"。此外，在未央宫、长乐宫和桂宫内，发现有多条宫内道路。由于现代道路、灌溉渠道、民房建筑、鱼池藕塘的开挖和修建，各条大街和宫内道路的遗迹都遭到不同程度的破坏。同时，现代生产和生活道路的修建严重破坏了汉长安城"八街九陌"道路系统的格局。

4. 未央宫遗址

位于汉长安城内西南部，宫区平面近方形，四面夯筑宫墙。宫墙四面有宫门和掖门，北宫门和东宫门外有门阙。宫内已知各类建筑基址十四处，其中地上夯土台基四处，地下建筑基址十处，地下遗迹距地表0.2～2.25米。已经考古发掘的地下遗址五处，均回填保护。沧池位于未央宫西南部，平面呈不规整圆形。未央宫前殿等主要宫殿、官署建筑的地上夯土台基，虽不同程度的遭到自然侵蚀和破坏，但保存状况基本良好。未央宫遗址区内现有七个村庄，占地面积0.61平方公里，约占整个遗址区面积的12.6%。近年来，随着民宅等建筑面积不断扩大，对地下遗迹的侵蚀和破坏日趋严重（图7）。

5. 长乐宫遗址

位于汉长安城内东南部，宫区平面近长方形，四周夯筑宫墙。宫墙东、西、南三面各有一门。宫内地上遗迹大部分已毁，现探明有各类建筑基址数十处，均为地下遗迹，距地表0.25～0.95米。已经考古发掘的遗址六处，其中长乐宫4、5、6号三处建筑遗址已实施保护展示工程。长乐宫遗址区内现有十一个村庄，占地面积为0.71平方公里，约占整个遗址区面积的10.57%，地下遗迹破坏较为严重；其余为农田覆盖区域，地下遗迹保存较好。

6. 武库遗址

位于长乐宫与未央宫之间，平面呈东西向长方形，四面夯筑围墙，遗址区面积约0.23平方公里。20世纪70年代经全面发掘后已回填保

图 7　未央宫前殿遗址

护，地下遗迹距地表约 1.5 米，保存状况较好。

7. 桂宫遗址

位于汉长安城内西部，未央宫北侧，宫区平面呈南北向长方形，四面夯筑宫墙。宫内已探明有各类建筑基址十余处，除一处地上夯土台基外，多为地下遗迹。地下遗迹距地表 0.45～0.8 米。六处地下建筑基址已经考古发掘，其中 2 号建筑基址的南半部分实施了基址复原展示保护，其余五处经考古发掘后回填保护，现保存较好。桂宫遗址区大部分遗迹保护状况较好，但被四个村庄局部占压，有遭到继续蚕食破坏的危险。

8. 北宫遗址

位于汉长安城内中部偏西，桂宫东侧、未央宫北侧，宫区平面呈南北向长方形，四面夯筑宫墙，南、北宫墙各辟一门。北宫遗址区未经全面考古勘探，地下遗迹尚未全部探明，已知地下遗迹距地表 0.9～1.3 米。南宫墙以南分布有多组汉代砖瓦窑遗址，其中三组经考古发掘后已回填保护，现状为农田，保存状况较好。北宫遗址区内现有一个村庄，占地面积 0.15 平方公里，约占北宫遗址区面积的 9.45%，其余为农田覆盖区域。

9. 明光宫遗址

据推测，遗址位于汉长安城内东部偏北，未经全面考古勘探，宫殿区范围和遗迹分布尚不清楚。20 世纪 90 年代以前，明光宫遗址区内曾挖有大量的莲池藕塘，现虽多回填，但已对地下遗迹造成严重破坏。遗址区内有四个村庄，对遗址的破坏较大。

10. 东市、西市遗址

位于汉长安城内西北部，平面均略呈正方形，西市遗址区部分经考古勘探，地下遗迹距地表 0.18~2.1 米，其中制陶窑址和铸钱、冶铸遗址已进行考古发掘。西市遗址区大部分被六村堡、相家巷等村落和企业厂房占压，破坏严重。东市遗址区未经全面考古勘探，现地表多为农田。

11. 邸、闾里遗址

据文献记载，遗址位于未央宫北侧、东侧和汉长安城内东北部。未央宫东侧"东阙甲第"区已经考古勘探，未发现重要遗迹。未央宫北侧"北阙甲第"区和城内东北部闾里区未经考古工作，地下遗迹分布状况不明。

12. 建章宫遗址

位于汉长安城西城墙外，范围涉及今高堡子、低堡子、双凤村、新军寨、柏梁村、孟家村等地。

遗址平面呈近方形，四面夯筑宫墙，内有建章宫前殿、双凤阙、柏梁台、太液池、太液池渐台等遗迹，其中太液池西岸的 1 号建筑基址已进行考古发掘。20 世纪 50 年代以来，在建章宫遗址区内修建了大面积的仓库与厂房，并有多条铁路支线进入遗址区，近年又有一些企、事业单位和大面积住宅小区兴建，已对建章宫遗址造成了严重破坏。地面上现存的夯土遗迹，遭受自然侵蚀和人为破坏严重（图 8、9）。

13. 礼制建筑遗址

位于汉长安城南城墙以南 1 公里外，遗址面积约 3.3 平方公里。

遗址区内已知宗庙、社稷、明堂辟雍三组建筑基址，20 世纪 50 年代末进行过考古发掘，已回填。现地表被西电公司、庆安公司、远东公司、西安冶金机械厂、陕西精密合金厂等大型企业的车间、仓库、办公用房和宿舍楼等建筑物覆盖。地上遗迹仅存远东公司宿舍区南侧的一处夯土台基，俗称影山楼，应属汉代社稷遗址的一部分，地面无保护标志。遗址区内 20 世纪五六十年代所建各类房屋均为两三层砖木结构建筑，约占该遗址区内现有建筑的 70%，下挖地基较浅，

图 8　建章宫前殿遗址

图 9　建章宫太液池渐台遗址

对遗址破坏程度较轻；20 世纪 80 年代以来所建砖混结构的四五层办公楼和住宅楼对遗址破坏程度较大；人民面粉厂、冶金机械厂等近年新建的高层住宅楼，对地下遗迹本体和遗址景观则造成严重破坏。

14. 其他重要遗址

汉长安城内的其他汉代重要遗址还有高祖庙、明渠等。

高祖庙遗址保存状况较差，明渠遗迹大部分保存状况较好，局部被房屋建筑叠压和现代灌溉水渠破坏。城内东北部的楼阁台遗址应属十六国、北朝时期宫殿区，楼阁台夯土台基南侧有面积较大的水塘，对台基侵蚀严重，保存状况较差。

（三）考古工作

汉长安城遗址的正式考古发掘工作开始于 20 世纪 50 年代中期以后，主要由中国科学院考古研究所（1977 年改称中国社会科学院考古研究所）汉长安城工作队负责组织实施。半个多世纪以来，通过几代考古工作者的现场发掘和室内研究，汉长安城遗址的考古工作硕果累累，至今已经出版了多部发掘报告。

在汉长安城遗址的田野考古工作开展伊始，第一任考古工作队队长王仲殊就提出，"对于这样的一个规模巨大的历史名城，考古发掘的计划必须是长远的：首先要究明城墙和城门，然后再有步骤地发掘政治中心所在的各个宫殿，以及城内的街道、手工业区、商业区、官府、贵族宅邸和一般的居住区，最后还要把工作范围扩大到城外的离宫别馆和宗庙、陵墓等等"[1]。

依照最初的考古计划，首先进行的是都城城址的考古勘察。1956 年 10 月，中国科学院考古研究所汉长安城工作队勘察了汉长安城遗址的范围、城墙、城门、城内的主要道路。1957 年，对直城门、西安门、霸城门和宣平门进行了发掘。1958 年 10 月，中国科学院考古研究所汉城工作队配合基建工程，对西安市西郊汉长安城南郊的礼制建筑遗址群进行了考古发掘工作。在此期间，对未央宫、长乐宫、桂宫、建章宫也进行了勘探，并踏察了上林苑和昆明池。

20 世纪 70 年代的考古工作主要是发掘了武库遗址和长乐宫宫殿建筑遗址；八九十年代，对未央宫前殿 A 区和 B 区遗址、椒房殿、少府

---

[1]　王仲殊《汉长安城考古工作的初步收获》，《考古通讯》1957 年第 5 期。

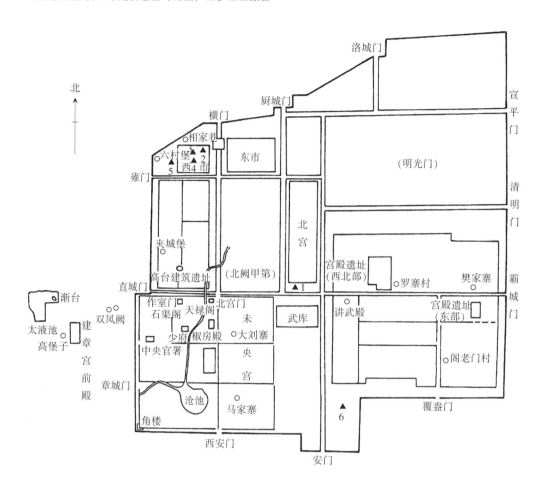

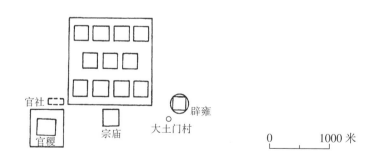

图 10　汉长安城遗址平面图

1. 北宫南部烧制砖瓦的官窑群址　2. 铸币遗址　3. 烧制陶俑的官窑群址
4. 冶铸遗址　5. 民营制陶作坊遗址　6. 高庙遗址

（或其所辖官署）、中央官署、宫城西南角楼遗址及桂宫 1、2（南区和北区）、3、4 号建筑遗址进行了大规模考古发掘；21 世纪后，主要对长乐宫 2、4、5、6 号建筑遗址，建章宫铸币遗址进行了一系列发掘。同时，对汉长安城遗址东北部的晚期宫城遗址、上林苑及昆明池遗址进行了大量考古调查、勘探与试掘。

通过对汉长安城遗址的考古勘察、发掘和研究，现已探清其分布范围，基本明确了城墙、城门、宫城、宗庙、社稷、武库、市场、手工业作坊区及重要皇家离宫、苑囿的地望和形制等（图 10）。在这些考古工作中还获得了一大批重要的汉代遗物，其中出土最多的还是各种砖瓦、瓦当等建筑材料。皇宫木简出土数量不多，但学术价值非同一般。两千多枚秦汉封泥、五万多件刻字骨签的出土，是秦汉都城考古的重大发现。至于数量惊人的皇家兵器在武库的出土，数以千计为帝陵随葬使用的裸体陶俑的清理，大量钱范的发现等，使人们对汉长安城的考古文化有了更为全面的认识[1]。

1. 城墙遗址

据考古勘察证实，城墙纵剖面为梯形，上窄下宽，墙基底部宽 16 米左右，为黄土夯打版筑而成。城墙内外向上均有收分，倾斜度各为 11 度，城墙原来高度均在 10 米以上[2]。经过测绘和校验四面城墙，南墙长 7453.03 米，北墙长 3878.39 米，东墙长 5916.95 米，西墙长 4766.46 米，城墙周长 25014.83 米，城垣内面积 34.39 平方公里[3]。

为实施城墙遗址保护工程，1999 年对城墙东北角、西北角遗址，2003 年对城墙西南角遗址，2011 年对城墙东南角遗址分别进行了考古钻探和发掘工作。经考古勘探发现，城墙转角均有角楼遗址。

2. 城门遗址

汉长安城共十二座城门，发掘材料表明，每座城门被两道隔墙分为三个门道，隔墙宽度不尽相同，隔墙宽者 14 米，窄者 4 米。每个门道宽约 8 米，减去两侧置础立柱的处所，门道的实际宽度为 6 米。已发现的车辙遗迹表明，当时车轨宽度为 1.5 米，则每个门道可并排通行四辆车轨，三个门道总共可容十二辆车并行，即张衡《西京赋》所言："参涂夷

〔1〕 刘庆柱、李毓芳《汉长安城宫殿、宗庙考古发现及其相关问题研究》，《汉长安城考古与汉文化》，科学出版社，2008 年。

〔2〕 刘庆柱、李毓芳《汉长安城》，文物出版社，2003 年。

〔3〕 董鸿闻、刘起鹤、周建勋、张应虎、梅兴铨《汉长安城遗址测绘研究获得的新信息》，《考古与文物》2000 年第 5 期。

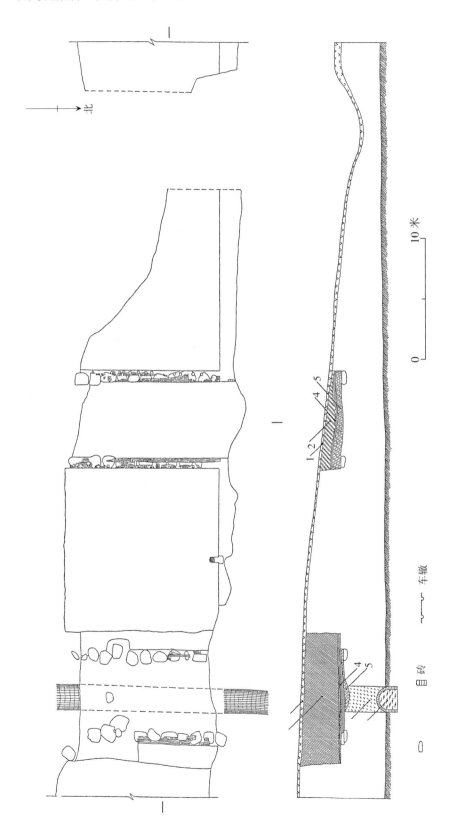

图 11　西安门门道遗址平、剖面图

1. 地表土　2. 唐以后土层　3. 唐代夯土　4. 路土　5. 烧土　6. 夯土　7. 淤土

（采自王仲殊《城门遗址的发掘与研究》，《考古学集刊》17，科学出版社，2010 年）

目 砖　　　车辙

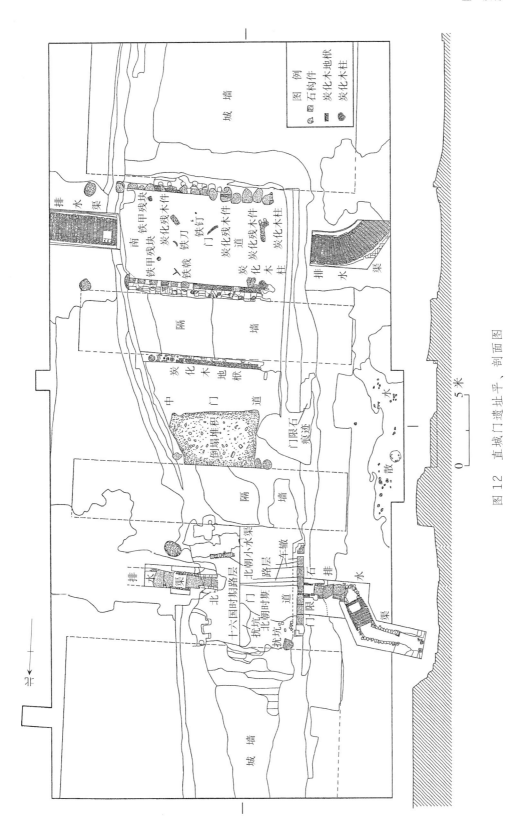

图 12　直城门遗址平、剖面图

（采自中国社会科学院考古研究所工作队《西安直城门遗址 2008 年发掘简报》，《考古》2009 年第 5 期）

图 13　清理后的西安门东门道遗址

庭，方轨十二"，是当初设定的严格规制。而面对长乐宫、未央宫的霸城门、西安门中间隔墙各宽 14 米。东墙的城门外有凸出的夯土遗迹，其状如阙址[1]。

在实施城门遗址保护展示工程前，2008 年考古部门先后对西安门、直城门遗址进行了考古发掘，在两座门址下均发现大型地下排水涵洞（图 11～14）。

3. 道路遗迹

考古发现汉长安城内有八条主要大街，即安门大街、横门大街、宣平门大街、清明门大街、洛城门大街、直城门大街、雍门大街、厨城门大街。其中以安门大街最长，洛城门大街最短。

大街各宽 45～56 米。每条大街均分为三道，中道宽 20 米，即文献所说的"驰道"，中道两边各有一道，宽约 12 米，其间以排水沟相隔。排水沟系明沟，宽约 0.9 米，深约 0.45 米。排水沟通至城门之下，以砖

［1］　王仲殊《汉长安城城门遗址的发掘与研究》，《考古学集刊》(17)，科学出版社，2010 年。

图 14　直城门大街遗址考古发掘现场

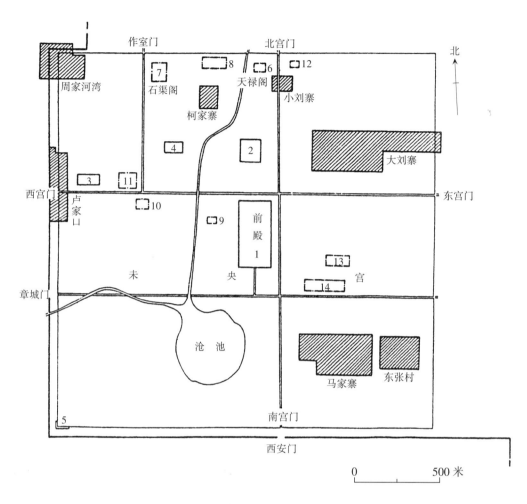

图 15　未央宫遗址平面图

1. 前殿建筑遗址　2. 椒房殿建筑遗址　3. 中央官署建筑遗址　4.少府建筑遗址　5. 宫城西南角楼建筑遗址　6. 天禄阁建筑遗址　7. 石渠阁建筑遗址　8~14. 8~14 号建筑遗址

石材料构筑成的大型排水涵洞将水排往城外城壕[1]。2009 年，考古部门对安门大街和直城门大街遗址进行了局部发掘，在直城门大街遗址发现了汉代车辙遗迹。

4. 未央宫遗址

未央宫是长安城内地势最高的地方，高程 385～396 米。经考古勘探，未央宫宫墙周长 8800 米，面积 5 平方公里，约占汉长安城总面积的七分之一。宫城平面近方形，四面筑宫墙，宫城边长 2150～2250 米，宫城城墙与墙基均为夯筑，宽 7～8 米。宫墙四面有宫门和掖门，北宫

────────

〔1〕　刘庆柱、李毓芳《汉长安城》，文物出版社，2003 年。

门和东宫门外有门阙[1]。

未央宫内已知各类建筑基址十四处，其中地上夯土台基四处，已经考古发掘的地下建筑遗址五处。地上四处夯土台基全部进行了围栏保护，目前正在开展沧池遗址的考古工作（图15～19）。

5. 长乐宫遗址

经考古勘察，长乐宫遗址平面近方形，四周夯筑宫墙，周长10760米，基宽6～7米，东墙长2280米，南墙长3280米，西墙长2150米，北墙长3050米，总面积约6平方公里，约占城内总面积的六分之一。

宫墙东、西、南三面各有一门[2]。宫内地上遗迹大部分已毁，宫内探明有各类建筑基址八处，均为地下遗迹，已经考古发掘的遗址六处，实施保护展示的遗址三处（图20～23）。

6. 武库遗址

考古发掘发现武库遗址平面呈长方形，四面筑有围墙，东墙和南墙保存较好，南墙长710米，宽15米；北墙残长240米，宽3.6米；东墙长322米，宽1.5米；西墙残长30米，宽1.5米。武库的建筑物主要有兵器库和守兵营。武库遗址出土了大批武器，有铁刀、铁剑、铁矛、铁戟、铁镞、铁斧、铁铠甲及铜戈、铜镞、铜剑格等[3]。

7. 桂宫遗址

考古发掘表明，桂宫遗址平面呈长方形，东、西宫墙各长1840米，南、北宫墙各长900米，周长5480米。宫墙地面遗迹已无存，地下遗迹也多遭破坏，仅探查到少量遗迹。四面宫墙基宽4～5米，总面积1.66平方公里，约占汉长安城面积的十分之一。

8. 东市、西市遗址

东市和西市遗址位于汉长安城内西北部，平面均略呈正方形。

东市遗址的范围在厨城门大街以西120米，横门大街以东90米，雍门大街以北40米，北城墙以南170～210米。东市东西长780米，南北宽650～700米。西市遗址在东市以西，其范围在西城墙以东400米，横门大街以西120米，雍门大街以北80米，北城墙以南20～310米。西市东西长550米，南北宽420～480米。

〔1〕 中国社会科学院考古研究所《汉长安城未央宫1980～1989年考古发掘报告》，中国大百科全书出版社，1996年。

〔2〕 刘庆柱、李毓芳《汉长安城》，文物出版社，2003年。

〔3〕 中国科学院考古研究所汉城工作队《汉长安城武库遗址发掘的初步收获》，《考古》1978年第4期。

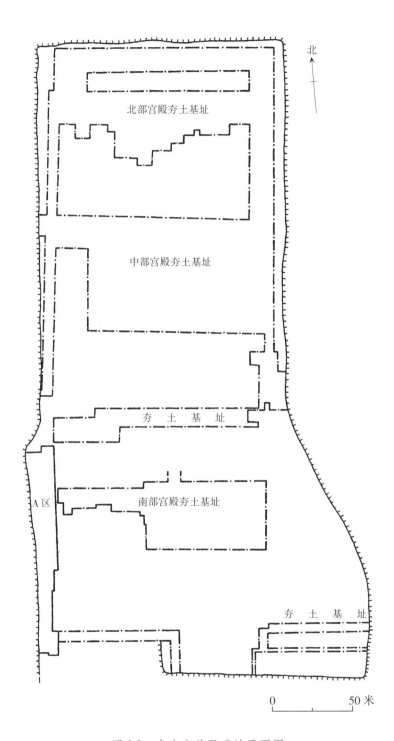

北

北部宫殿夯土基址

中部宫殿夯土基址

夯　土　基　址

A 区　　南部宫殿夯土基址

夯　土　基　址

0　　　　　　　50 米

图 16　未央宫前殿遗址平面图

(采自中国社会科学院考古研究所《汉长安城未央宫 1980~1989 年考古发掘报告》，中国大百科
全书出版社，1996 年)

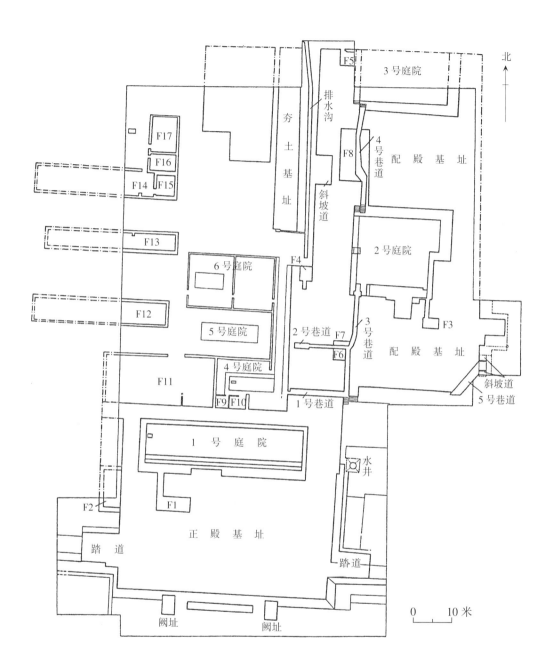

图 17 未央宫椒房殿遗址平、剖面图

(采自中国社会科学院考古研究所《汉长安城未央宫 1980~1989 年考古发掘报告》，中国大百科全书出版社，1996 年)

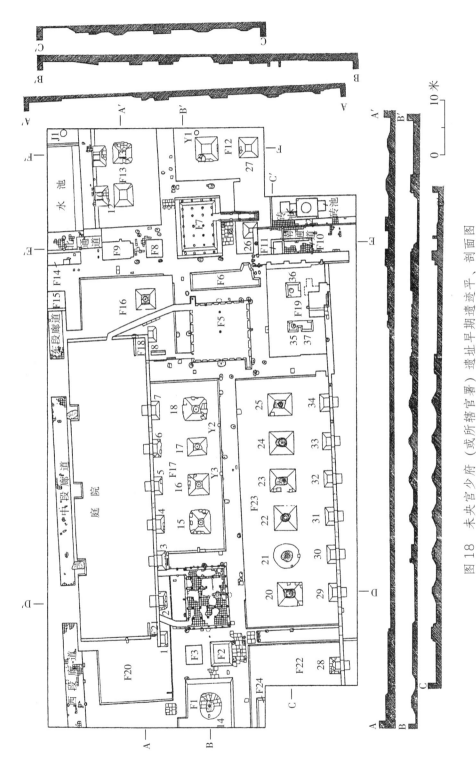

图 18　未央宫少府（或所辖官署）遗址早期遗迹平、剖面图

1~8. 檐柱础墩　9. 大础墩　10.11. 大础墩　12~27. 檐柱础墩　28~34. 大础墩　35~37. 大础墩

（采自中国社会科学院考古研究所《汉长安城未央宫 1980~1989 年考古发掘报告》，中国大百科全书出版社，1996 年）

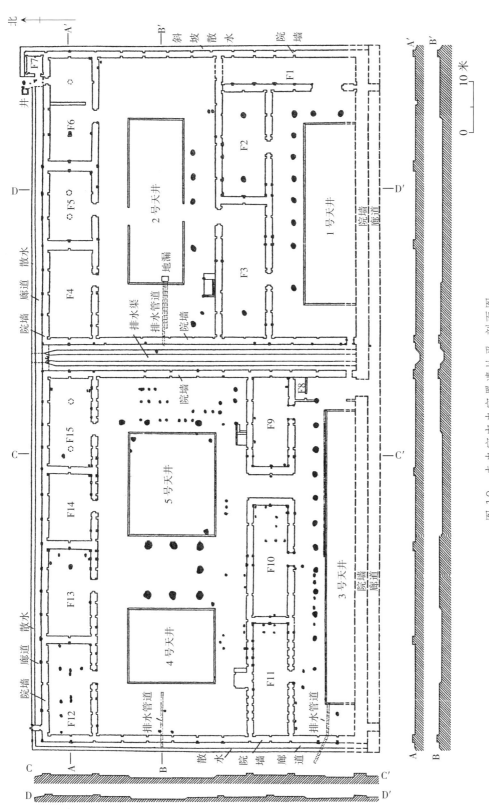

图 19 未央宫中央官署遗址平、剖面图
（采自《考古》1989 年第 1 期）

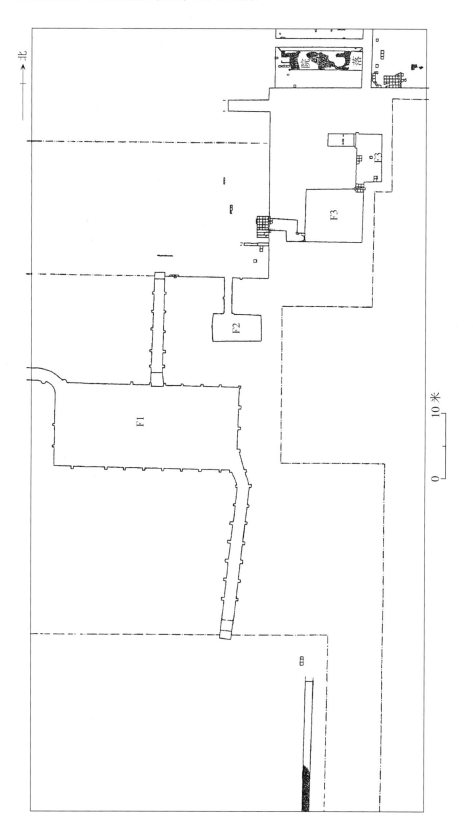

图 20　长乐宫 2 号建筑遗址平面图

（采自《考古学报》2004 年第 1 期）

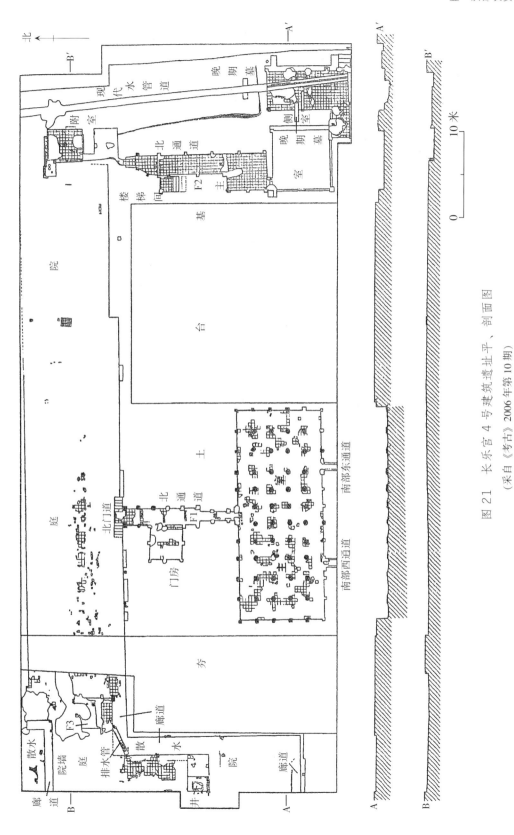

图 21　长乐宫 4 号建筑遗址平、剖面图
（采自《考古》2006 年第 10 期）

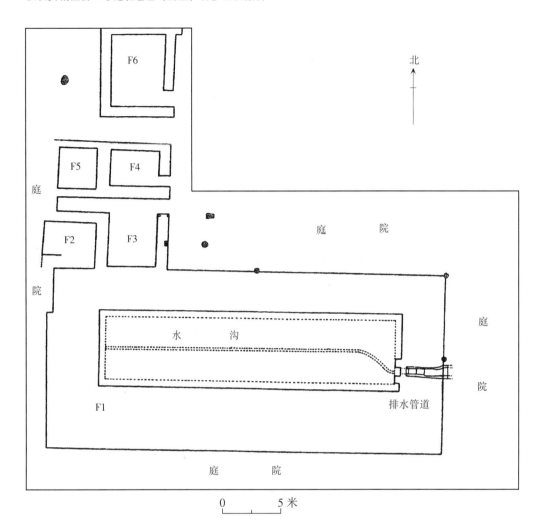

图 22　长乐宫 5 号建筑遗址平面图

（采自《考古》2005 年第 9 期）

　　东市和西市之内各有两条平行的贯通全市的东西向和南北向道路，分别在二市之中形成井字状道路网。由于其纵横贯通全市，所以二市四面各辟二门，形成一市八门。

　　在东市和西市之间的横门大街上，北距横门约 160 米处有一大型汉代建筑群遗址，其范围长、宽各约 300 米。主体建筑位于建筑群中央，东西长 147 米，南北宽 56 米。据推测，这就是文献记载的长安市当市观，或称当市楼、市楼[1]。

---

〔1〕　刘庆柱《西安市汉长安城东市和西市遗址》，《中国考古学年鉴》（1987 年），文物出版社，1988 年。

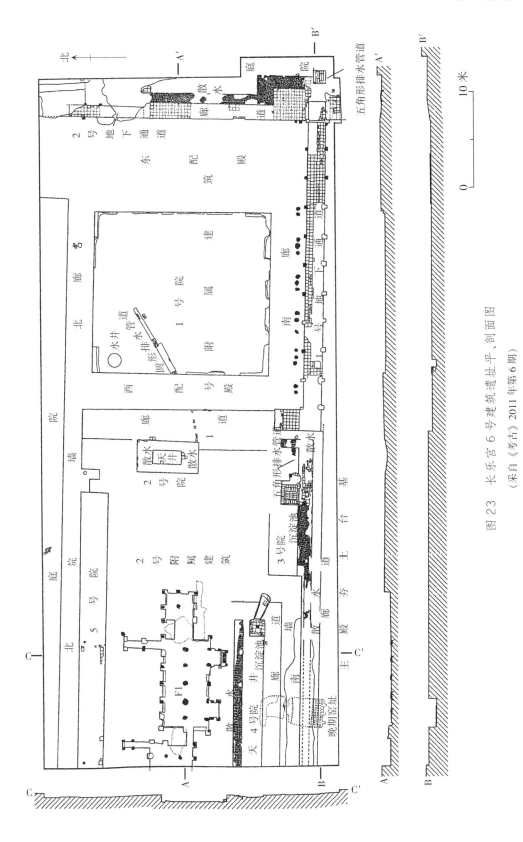

图 23 长乐宫 6 号建筑遗址平、剖面图
（采自《考古》2011 年第 6 期）

图 24　建章宫 1 号建筑遗址

9. 建章宫遗址

　　建章宫遗址平面呈长方形，四面夯筑宫墙，周长约 6740 米，东西 2130 米，南北 1240 米[1]。主体建筑前殿基址南北长 320 米，东西宽 200 米，太液池遗址、神明台遗址在其以北。

　　2007 年 7 月，考古部门发掘了建章宫 1 号建筑遗址（图 24）。遗址位于西安市未央区六村堡街道办事处东柏梁村东南约 250 米处，地处建章宫内太液池西岸，发掘面积 2420 平方米。

　　遗址由南院、主体建筑、北院三部分组成。南院南部庭院发掘南北长 32.8 米，东西宽 24.75 米，地面平坦，现仅存少数铺地方砖，无砖地面残存铺砖泥。其北为一东西向廊道，东西现存 10.98 米，南北宽 1.94 米，地面铺砖。主体建筑位于发掘区中部，清理部分南北长 73.06 米，东西宽 26.72 米。南部建筑由六部分组成，其中有五处房屋基址，一处道路遗迹。出土遗物多为汉代的砖、瓦和瓦当残块，以及大量的"五铢"钱范残块。据现场发掘情况推测，此遗址与史载建章宫内的铸

---

　　〔1〕　刘庆柱、李毓芳《汉长安城》，文物出版社，2003 年。

钱活动有关[1]。

10. 礼制建筑遗址

西汉皇家礼制建筑，主要集中在长安城南郊。1958 年 10 月 ~ 1960 年年底，考古部门发掘了汉长安城安门与西安门南出 1 公里外平行线内的十二座西汉宗庙建筑遗址。其中十一座平面分布为三行，南北两行各四座，中间一行三座，编号为 1 ~ 11 号建筑遗址。另有一座在三行之南，编号为 12 号建筑遗址（图 25、26）。

据考古勘查发现，每一座建筑遗址都是由一座中心建筑和一个方形围墙、四座门阙，以及围墙内四隅各有的一座曲尺形配房组成，主体建筑位于围墙内正中，故称中心建筑。方形围墙系夯土筑造，每边长 270 ~ 280 米。两座围墙之间的东西距离约 54 米，南北距离约 200 米。每座围墙的正中各辟一门，门道宽 5.4 米。中心建筑的四门门道内都出土有西汉晚期流行的遗迹和遗物。如在围墙四门遗址出土苍龙、白虎、朱雀、玄武纹饰的四神瓦当等。

12 号建筑遗址的平面布局、建筑形式与前十一座相仿，但中心建筑每边长约 100 米，比十一座遗址的中心建筑约长一倍。中心建筑的构筑形式与前十一座也稍有不同。

可以肯定，这十二座建筑确系王莽即位时修建，建成后不久，便全部遭到毁灭性的焚烧，以后再没有使用。即 1 ~ 12 号遗址应是王莽九庙遗址（图 27）。

1956 年 7 月 ~ 1957 年 10 月，发掘了汉长安城南郊的大土门遗址（图 28）。

发掘结果表明，遗址的中心建筑位于一个圆形夯土台上。中心建筑的四周是一个方形的院落，四角各建有曲尺形的配房，各配房的四面的中距又筑有东、西、南、北四门，配房的外侧又有围墙与四门连接，构成一个方形建筑体，位于方形夯土台上。

在围墙的四周，又有一圆形的大圜水沟，在大圜水沟的四边正对四门处又有长方形的小圜水沟。据其形制推测，应为西汉辟雍（明堂）建筑。汉长安城辟雍（明堂）建筑遗址是目前考古学发现最早的辟雍（明堂）建筑遗址[2]。

──────────

〔1〕　许祖华、冯国《西安：汉建章宫遗址考古发掘获重要发现》，2007 年。

〔2〕　中国社会科学院考古研究所《西汉礼制建筑遗址》，文物出版社，2003 年。

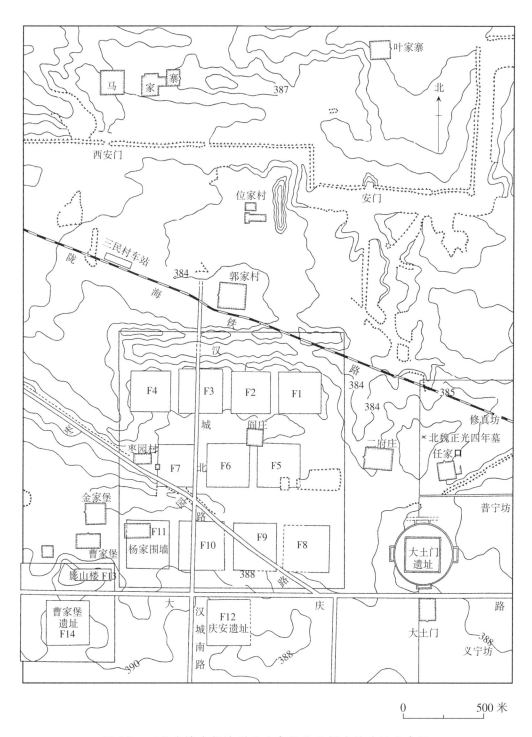

图 25　汉长安城南郊地形及已发掘的礼制建筑遗址分布图

(采自中国社会科学院考古研究所《西汉礼制建筑遗址》，文物出版社，2003 年)

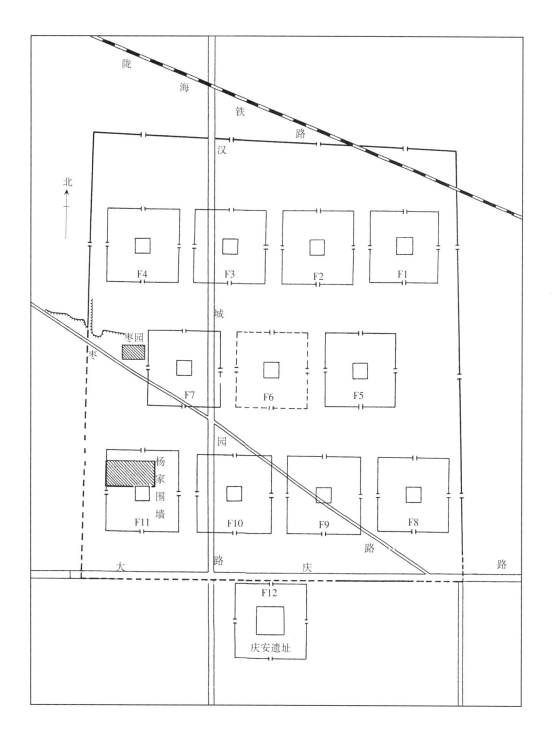

图 26 汉长安城南郊 1~12 号礼制建筑遗址分布图

(采自中国社会科学院考古研究所《西汉礼制建筑遗址》，文物出版社，2003 年)

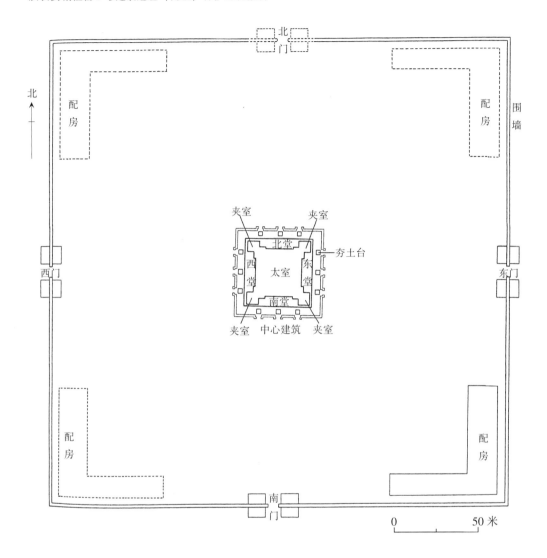

图 27　汉长安城南郊 3 号遗址总平面图（含围墙、四门、配房）
（采自中国社会科学院考古研究所《西汉礼制建筑遗址》，文物出版社，2003 年）

（1）昆明池遗址

昆明池遗址位于汉都长安西南，即今陕西西安长安区斗门镇一带，汉武帝元狩四年（公元前119年）开凿，周长四十里，是上林苑的重要组成部分。2005年，中国社会科学院考古研究所汉长安城工作队在20世纪五六十年代考古研究的基础上，对昆明池遗址进行了考古调查和钻探工作。首次明确了现存昆明池的范围；在池的东岸发现进水渠两条；在池的西岸和北岸共发现出水渠四条；在池内发现高地四处；在南岸上发现建筑遗址两处，即1、2号建筑遗址。经过研究推断，昆明池早期池

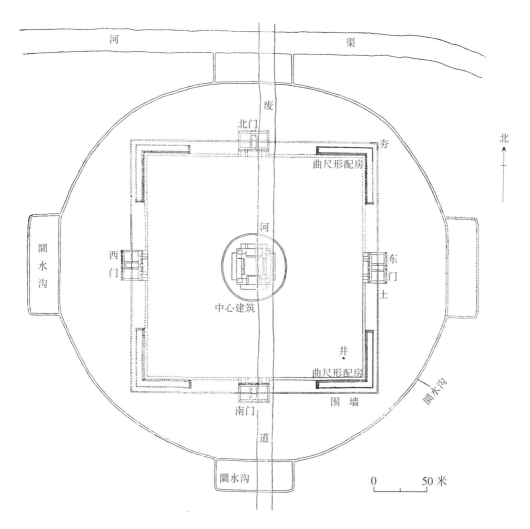

图 28　汉长安城南郊大土门遗址平面实测图

(米自中国社会科学院考古研究所《西汉礼制建筑遗址》，文物出版社，2003 年)

岸应是汉代所修，晚期池岸为唐代修整、加固过的池岸，现存昆明池岸虽
然经过唐代的重修，但其规模、范围基本沿用汉代；在昆明池之北存在镐
池和彪池两个池址，并测量出其周长和面积。在昆明池遗址，有两件石像
保留至今，即著名的牵牛和织女像[1]。

（2）兆伦铸钱遗址

上林苑由于面积大，其中还设置有重要的铸币官署和工场。公元

---

〔1〕 刘振东、谭青枝《汉唐昆明池杂议》，《汉长安城考古与汉文化——纪念汉长安城
考古五十周年国际学术研讨会论文集》，科学出版社，2008 年。

前113年，汉武帝将铸币权统一收归中央。在上林苑遗址内曾发现许多铸币遗址，其中的兆伦铸钱遗址是目前所知规模最大、最重要的一处铸币遗址。兆伦铸钱遗址为上林三官铸币场所之一，汉武帝元鼎二年（公元前115年）至王莽末年（公元23年），是其铸币历史的鼎盛时期。20世纪90年代，由陕西文物保护技术中心考古调查研究室（后改名为陕西省文物保护研究院文化遗产研究中心）进行遗址的考古调查。遗址总面积超过100万平方米，遗址区分布有丰富的建筑遗存及大量与铸钱有关的遗迹、遗物。

11. 晚期宫城遗址

西汉以后，长安城仍被沿用。

2003年4～5月，经过考古钻探，在汉长安城东北部宣平门大街与洛城门大街围成的区域内发现汉代以后的两座宫城遗址，探明了宫墙、宫门、主要大街等基本情况。

从二小城的位置、地层堆积和出土遗物等情况看，小城应始建于十六国时期，北朝时期沿用，直到隋迁大兴城后废弃（图29）。综合考古和文献资料分析，新发现的东西二小城应是自前赵以来，经前、后秦及北朝直到隋初长安的宫城遗址。新发现的宫城宫墙、宫门、街道及地面现存建筑遗址年代主要应属北周时期[1]。

12. 手工业遗址

（1）烧造砖瓦的窑址

砖瓦是汉代基本的建筑材料，考古部门在汉长安城西北部和中部发现了一些汉代烧造砖瓦的窑址。

汉长安城西北部清理的砖瓦窑，位于西安市西咸新区沣东新城六村堡街道办事处六村堡东和相家巷西南。其规模不大，由前室、火门、火膛、窑室、排烟设施五部分组成。窑室平面呈长方形，长2.86米，宽2.34～2.44米。从窑址出土遗物来看，产品多样，但专业化程度不高，推测应为民窑，产品供长安城中的一般居民百姓使用。

长安城中部清理的砖瓦窑，位于今西安市未央区未央宫街道办事处讲武殿村，即汉长安城北宫以南、直城门大街以北。共发掘了十一座砖瓦窑，分为三组，东西两组各有四座窑址，中间一组有三座窑址。三组

---

〔1〕 刘振东《西汉长安城的沿革与形制布局的变化》，中国社会科学院考古研究所汉长安城工作队、西安市汉长安城遗址保管所编《汉长安遗址研究》，科学出版社，2006年。

图 29 十六国、北朝时期宫城宫门遗址

窑间距为 15 ～ 18 米。每组窑皆呈东西向排列，各窑间距为 0.8 ～ 1.5 米。这群陶窑址内出土遗物主要是砖瓦，有的砖瓦上还发现了"大匠"陶文戳印。

从考古发掘资料看，十一座砖瓦窑址时代相同，结构基本一样，规模相近，布局规整，排列有序，产品均为同一时期生产。砖瓦窑址出土的有"大匠"陶文戳印的砖瓦，说明这些窑址与"大匠"有关。"大匠"应是"将作大匠"的省称，职责是"掌治宫室"，也就是主管皇室基建的官署。已发掘的十一座砖瓦窑应为将作大匠管辖的官窑。它们位于长安城中部，生产的砖瓦等建筑材料可能是供未央宫、武库、长乐宫和北宫等处使用[1]。

（2）烧造陶俑的窑址

在汉长安城西北部，今西安市西咸新区沣东新城六村堡街道办事处六村堡、相家巷村附近，20 世纪 90 年代初发掘了二十多座汉代陶俑窑遗址。从发掘情况看，陶俑窑址分为民窑和官窑两类。

〔1〕 刘庆柱，李毓芳《汉长安城》，文物出版社，2003 年。

民窑是私人经营的制陶手工业生产作坊。这种窑址大多分布在西市遗址以外的西部和南部，即今西安市西咸新区沣东新城六村堡东和东南一带，与烧砖瓦的民窑形制、大小基本相同。每座窑址烧造的陶俑品种很多，有人俑及动物俑。各类人俑的发式不尽相同，服饰也各种各样，大小更是悬殊甚大。动物俑则有牛俑、马俑、羊俑、猪俑等。民窑址分布散乱，排列无序。这些民窑生产的陶俑应属于投放市场的商品，陶俑窑东部的东市可能就是其重要销售场所。

官窑址在长安城西市遗址的东北部，即今西安市西咸新区沣东新城六村堡相家巷村南，北距汉长安城北城墙 270～280 米，西距汉长安城西城墙约 700 米。已发掘二十一座陶俑窑，形制、大小相近，均为半地穴式，在生土中挖成，由前室、火门、火膛、窑室和排烟设施（进烟口、烟道、排烟口）五部分组成〔1〕。从出土遗物看，二十一座窑均为烧制裸体陶俑的陶窑。据官窑的生产规模推算，这里生产的裸体陶俑可以满足西汉时期京畿地区帝陵和大型汉墓的随葬需求〔2〕。

（3）铸币遗址

在汉长安城西市遗址东北部，即今西安市西咸新区沣东新城六村堡街道办事处相家巷村东北和村东，发现不少西汉时期铸钱遗址，其中出土了数以千计的"五铢"钱砖雕范母，还发现了个别石雕范母。这些"五铢"钱范母形制相近，周有边缘，内作钱范。范首窄细装柄，中通总流，左右排各一至三行，阳文正书。间有题记，题记内容有纪年、编号、匠名等。这些带有题记、纪年内容范母的出土，为"五铢"钱的断代提供了宝贵的资料。

汉长安城铸钱遗址与户县兆伦村汉代钟官遗址有所不同，这里没有发现坩埚残块，也未见铜渣。长安城西市之内的铸钱部门应只负责范母的刻范、制范，可能不进行铸钱活动〔3〕。

（4）冶铸遗址

在汉长安城西市遗址南部曾发现汉代的冶铸遗址，已清理四座烘范窑址、冶铸遗址与废料堆积坑，出土了大量的叠铸范及铁块、铁渣等遗

---

〔1〕 刘庆柱、李毓芳《汉长安城》，文物出版社，2003 年。

〔2〕 中国社会科学院考古研究所汉城工作队《汉长安城窑址发掘报告》，《考古学报》1994 年第 1 期。

〔3〕 刘庆柱、李毓芳《汉长安城》，文物出版社，2003 年。

物。这些叠铸范和四座烘范窑址的时代均为西汉中晚期，而西汉从汉武帝开始实行盐铁官营，包括开矿冶炼、生产铸造和产品销售诸方面，因此，该冶铸遗址应属官营的性质，与西市内的手工业以官营为主是一致的[1]。

---

[1] 刘庆柱、李毓芳《汉长安城》，文物出版社，2003年。

贰　桂宫

（一）历史沿革

桂宫位于未央宫北，南临直城门大街，东以横门大街与北宫相隔，西靠近西城墙，北界雍门大街。太初四年（公元前 101 年）汉武帝建。宫中主要建筑有龙楼门、鸿宁殿、明光殿、走狗台等。桂宫以紫房复道北通未央宫，又从明光殿以飞阁跨越城西连建章宫神明台。班固《西都赋》曰："自未央而连桂宫，北弥明光而亘长乐。凌隥道而超西墉，掘建章而连外属。"桂宫是汉武帝时的后妃之宫。汉成帝为太子时，曾居此宫。后为太后居住之处。鸿宁殿即桂宫正殿，汉哀帝的祖母傅太后，即汉元帝的傅昭仪，曾居此殿。

桂宫又称四宝宫，传说汉武帝在桂宫中放有四件宝物，即七宝床、杂宝案、厕宝屏风、列宝帐，所以得此名称。

东汉光武帝建武二年（公元 26 年）赤眉军攻入长安，曾进驻此宫。根据桂宫 2 号建筑遗址的考古发掘资料推测，桂宫可能毁于这一时期的战火[1]。

（二）保存现状

桂宫遗址在今西安市西北郊西咸新区沣东新城六村堡街道办夹城堡、民娄村、黄家庄与铁锁村一带，位于汉长安城遗址内中西部，未央

---

[1]《汉书·王莽传下》记："赤眉烧长安宫室市里，害更始。民饥饿相食，死者数十万，长安为虚，城中无人行。"中华书局，1962 年；中国社会科学院考古研究所、日本奈良国立文化财研究所《汉长安城桂宫 1996～2001 年考古发掘报告》，文物出版社，2007 年。

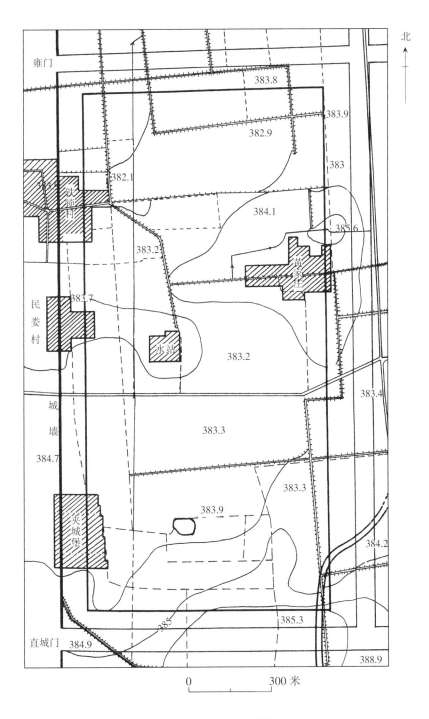

图 30 桂宫遗址地形图

(采自中国社会科学院考古研究所、日本奈良国立文化财研究所《汉长安城桂宫1996~2001年考古发掘报告》，文物出版社，2007年)

宫北侧（图 30）。

宫区平面呈南北向长方形，四面夯筑宫墙。已探明各类建筑基址十余处，地面上现存的遗迹只有夹城堡东的一座夯土高台（编号为 1 号建筑遗址），其他遗迹皆掩埋在农田或现代村庄之下。地下遗迹距地表 0.45 ~ 0.8 米。六处地下建筑基址已经考古发掘，其中 2 号建筑遗址的南半部分实施了基址复原展示保护，其余五处建筑遗址经考古发掘后回填保护，现保存较好。桂宫遗址区大部分遗迹保护状况较好，但遗址区被四个村庄局部占压，有遭受继续蚕食破坏的危险。

2 号建筑遗址位于桂宫遗址中南部，六村堡街道办夹城堡东约 200 米处。遗址北部紧邻桂宫夯土台基遗址（即 1 号建筑遗址），西部为一历史原因形成的鱼池，南部和东部皆为当地村民种植的经济作物——桃树。发掘前 2 号建筑遗址区地面上亦种植桃树。

桂宫 2 号建筑遗址（南区）保护工程实施前，地势平坦，多为当地村民农田或者宅基地，农民主要种植的经济作物为桃树。由于该区域地下遗迹埋藏较浅，有的距地表仅 0.4 米左右，而桃树发达的根系，对埋藏甚浅的地下遗址造成一定破坏。另外，随着城市的扩张，遗址区群众发展经济的愿望日益强烈，有的群众逐渐改变原有的农业经济模式，采取出租土地、出租房屋等方式提高经济收益，改善自己的生活质量。出租土地导致遗址区的违法建筑不断增加，出租房屋导致农村宅基地面积日益扩大，外来人口增多。因此，无论原有的经济模式，还是已经转变的经济模式，对遗址区的文物保护工作都造成一定的不利影响。

（三）考古工作

1956 年，中国科学院考古研究所开始在汉长安城遗址进行考古调查、勘探、发掘工作。20 世纪 50 年代末、60 年代初，汉长安城考古队对桂宫遗址进行了初步考古调查与勘探。自 90 年代中后期始，又在桂宫遗址区开展了一系列考古勘探、试掘、发掘工作。此项考古工作一直持续到 2001 年。

1991 年，中国社会科学院考古研究所与日本奈良国立文化财研究所签署了《"中日古代都城考古学比较研究项目"友好合作协议》。1996 年，又续签了该项协议。

1997 年，双方决定首先在汉长安城桂宫遗址进行此项考古工作。双方向中国国家文物局提出对汉长安城桂宫遗址进行中日合作考古调查、发掘的专项申请，并报国务院许可，批准《中国社会科学院考古研究所与日本奈良国立文化财研究所在中国合作考古调查发掘协议书》。

国家文物局要求此项合作考古勘探发掘工作要严格控制在批准的范围内进行；合作考古勘探发掘工作要纳入汉长安城遗址保护规划当中，为地方文物管理部门完善保护方案提供科学资料；每年工作开始前，需填报《考古发掘申请书》，当年工作结束后，应完成工作报告。

中国社会科学院考古研究所与日本奈良国立文化财研究所在中国合作考古调查桂宫遗址发掘工作，是我国政府批准的第一个在全国重点文物保护单位进行的中外合作考古发掘项目。中日两个国家级研究所的研究人员共同组成中日联合考古队，中方领队为刘庆柱，日方领队为町田章，执行领队为李毓芳。

田野考古工作自 1997 年 11 月开始，2001 年 5 月结束后，转入考古调查、发掘资料整理和发掘报告撰写阶段。2007 年 1 月，中国社会科学院考古研究所和日本奈良国立文化财研究所共同编著的《汉长安城桂宫 1996 ~ 2001 年考古发掘报告》一书，由文物出版社正式出版。

桂宫遗址的考古工作主要包括宫城遗址的勘探，城墙、南宫门和七座建筑遗址的试掘，三座大型建筑遗址的发掘（图 31）。田野考古工作揭示出桂宫遗址的布局形制、宫殿及其他建筑的结构，出土了大量具有典型时代特点的瓦当、玉牒等重要遗物。这些新考古资料对于汉代考古学、历史学、建筑史、美术史等领域，均具有重要的学术意义[1]。

1. 宫墙、宫门遗址

根据发掘报告，桂宫遗址平面呈南北向长方形，东、西宫墙各长 1840 米，南、北宫墙各长 900 米，周长 5480 米，约合汉代十三里，与《三辅黄图》等文献记载的"周回十余里"接近。宫墙遗迹地面上现已荡然无存，地面下也多遭破坏，只在东、西、北面各铲探到一段宫墙遗迹，南面铲探到两段宫墙遗迹。宫墙墙基夯筑，五花土质，距现地表 0.5 ~ 0.8 米，1.5 ~ 1.8 米见生土，夯土厚 0.7 ~ 1.3 米。宫墙筑于生土之上，四面宫墙墙基宽 4 ~ 5 米，总面积约 1.66 平方公里，约占汉长安城总面积的二十分之一。

目前发现的宫门遗址仅为南宫门遗址，位于桂宫西南角以东 430 米。2011 年 11 月，对南宫门遗址进行了试掘，试掘发现早期门道宽 5.65 米，在使用一段时期后增筑了两侧的夯土墙，致使门道变窄为 4.8

---

〔1〕　中国社会科学院考古研究所、日本奈良国立文化财研究所编著《汉长安城桂宫 1996 ~ 2001 年考古发掘报告》，文物出版社，2007 年。

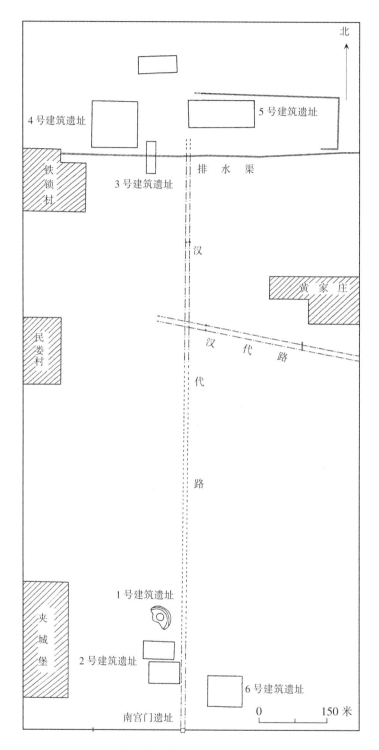

图 31　桂宫遗址平面图

（采自中国社会科学院考古研究所、日本奈良国立文化财研究所《汉长安城桂宫
1996~2001年考古发掘报告》，文物出版社，2007年）

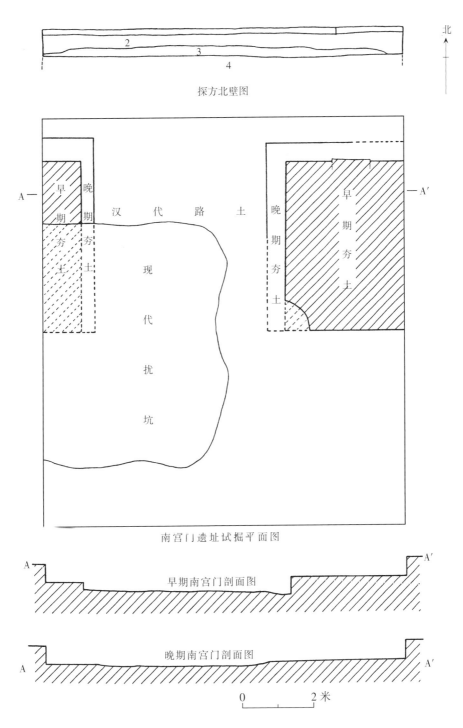

图 32　桂宫南宫门遗址试掘平、剖面图及探方北壁图

1. 耕土层　2. 扰土层　3. 汉代文化层　4. 路土层

(采自中国社会科学院考古研究所、日本奈良国立文化财研究所《汉长安城桂宫 1996~2001 年考古发掘报告》，文物出版社，2007 年)

米。发掘证实，晚期门址夯土压在早期门址路土之上。门址路土本身没有早晚明显区分，说明南宫门一直未间断使用（图32）。

南宫门遗址出土遗物主要有砖、瓦、瓦当等建筑材料，其中斜粗绳纹板瓦、中粗直绳纹筒瓦及Ⅲ型Ⅱ式瓦当等均为西汉中晚期常见之物。据此推断，该门址的年代为西汉中晚期。

《汉书·成帝纪》载，汉成帝为太子时，"初居桂宫，上尝急召，太子出龙楼门，不敢绝驰道，西至直城门，得绝乃度，还入作室门"。张晏注曰："门楼上有铜龙，若白鹤、飞廉之为名也。"《雍录》卷九记载："作室者，未央宫西北织室、暴室之类。"作室在未央宫西北，作室门也当在未央宫西北部，是宫城北宫门上的一座门。此门向南有一条南北向道路，北隔直城门大街，与桂宫南宫墙上发现的宫门遗址南北相对。据文献记载推测，该宫门遗址当为文献记载的成帝为太子时由桂宫前往未央宫的龙楼门遗址。

2. 道路遗迹

桂宫遗址共发现两条道路遗迹，分为南北向与东西向道路各一条。南北向道路，南自南宫门遗址，北至5号建筑遗址西南部，几乎纵贯桂宫南北。已发现这条道路遗迹有两处。其一，在2号建筑遗址东侧，铲探发现一段南北向道路遗迹，西距桂宫西墙430米，向南经过南宫门通向直城门大街。现存路土遗迹长275米，宽7.5米，厚0.2米，距地表深1米，路土下为黄生土。其二，在3号遗址以东80米，铲探发现一条南北向路土，长567.5米，宽10米。路土西距桂宫西墙东沿433米，向北至5号建筑遗址，向南延伸与上述通过2号建筑遗址东侧的路土相连。据铲探，南北路通宽10.3米，路土厚0.3米。道路东西两侧设有明沟，用于排水。

在黄家庄南铲探发现一条东西向路土，长572米，宽13米。路土向西与桂宫南北向路土相交，交叉处路土北距桂宫北墙777.5米。

据出土遗物判断，东西路和南北路的时代都应该为西汉中晚期。

3. 建筑遗址

宫内已探明各类建筑基址多座（编号为1～7号建筑遗址）。目前，对2～4号建筑遗址进行了考古发掘，对1、5、6、7号建筑遗址进行了考古试掘，其中地上夯土台基一处（即1号建筑遗址），地下建筑基址六处。

（1）1号建筑遗址

1号建筑遗址位于桂宫西南部，西距桂宫西墙347米，南距桂宫南

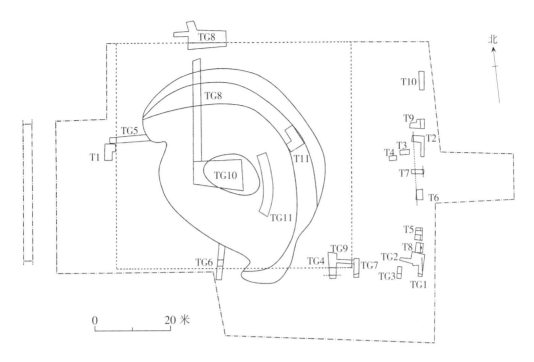

图 33　桂宫 1 号建筑遗址钻探、试掘平面图

(采自中国社会科学院考古研究所、日本奈良国立文化财研究所《汉长安城桂宫 1996~2001 年考古发掘报告》，文物出版社，2007 年)

墙 262 米，与 2 号建筑遗址南北相距 35 米，1996 年春季和秋季进行了考古勘探与试掘。

　　通过考古试掘，基本搞清了 1 号建筑的布局结构及其性质。1 号建筑遗址的主体建筑为夯土高台台基，平面近方形，南北长 62 米，东西宽 58 米。

　　高台台基的东、南、北三面围绕廊道（图 33）。南廊道宽 2 米，与高台南沿平行，仅存铺地砖痕迹；北廊道宽 1.06 米，与高台台基北沿平行，现存部分铺地砖；东廊道位于高台台基东侧 17 米，宽 2 米，与高台台基东沿大致平行，现存部分铺地砖。东廊道与高台台基东沿之间有房屋建筑（在现代墓壁之上露出整齐的汉代铺砖地面）。此外，高台台基西沿夯土中夹有大量河卵石，这应属于加固高台台基边缘的遗迹。

　　经过试掘，发现有两条通往高台的通道，一条为高台台基东侧东西向的铺地砖道，宽 1.15 米，西高东低，坡度 14 度；另一条为高台台基北侧南北向的通道，宽 3.86 米。

　　据试掘出土的各种遗物判断，1 号建筑遗址的时代应为西汉中晚期。

从夯土高台顶部和东部二层台的试掘情况看，未发现任何建筑遗迹和遗物。从保存较好的高台北坡试掘情况看，高台北面呈大斜坡状，坡度29度。夯土高台应为一处假山性质的遗迹。《三辅黄图》引《关辅记》曰："桂宫在未央北，中有明光殿土山，复道从宫中西上城，至建章神明台蓬莱山。"所谓"明光殿土山"，或与1号建筑遗址上的高台有关。

（2）2号建筑遗址

2号建筑遗址位于桂宫遗址南部偏西，今夹城堡东约200米处，北距1号建筑遗址33米。1997年10月～1998年5月、1998年10月～1999年5月，对该遗址进行了考古发掘。

1997年11月～1998年5月，发掘2号建筑遗址（南区），发掘面积4700平方米。2号建筑遗址分南北两区。此次发掘为南区，建筑遗址主体是位于中部的殿堂夯土台基，东西长51米，南北宽29米。夯台北部有一甲字形半地下屋址，东部有一通过夯台南北向半地下通道。殿堂台基南有东西二阶，为上殿门道。台基北亦有两条上殿坡道。北部有两个天井，并有门道通向北部。在台基周围有廊道，以及鹅卵石和碎瓦片组成的散水。

1998年10月～1999年4月，发掘2号建筑遗址（北区），发掘面积3864平方米，主要建筑遗迹为殿堂基址、地下通道和院落等。殿堂基址位于中部，东西长25米，南北最宽处32米。其南北各有东西两个大殿门道。其中部有一贯穿南北的地下通道，通道宽1.8米。殿堂南部院落与2号建筑遗址南区相连，北部院落与北面的夯土高台相接。

从桂宫2号建筑遗址的地层堆积来看，建筑遗迹一般位于汉代文化层（第三层）之下，出土遗物多属西汉中晚期，未见早于西汉中期、晚于西汉晚期及新莽时代的遗物。据此推断，桂宫2号建筑遗址的时代上限不超过西汉中期。据桂宫2号建筑遗址的废弃堆积分析，尤其是从南区建筑2、3号房址，北区建筑2号房址和1、2号地下通道中大量红烧土堆积来看，该建筑可能是毁于王莽末年的战火。

从已发掘的南区、北区建筑来看，这是一座由正殿与居室组成的完整的宫殿建筑群。南区主体建筑为正殿，北区建筑功能则与生活居室关系密切。南区建筑和北区建筑之间有三条南北向通道相连，北区北部有南北向通道至北面的汉代夯筑高台（1号建筑遗址）。以夯筑高台为主的1号建筑应属于2号建筑的附属建筑，属于"庭院"登高远眺的建筑设施。

（3）3 号建筑遗址

3 号建筑遗址位于桂宫西北部，今铁锁村东约 160 米处，西距西宫墙 340 米，北至北宫墙 345 米。

1999 年 10 月～2000 年 4 月进行了考古发掘，发掘面积 2016 平方米。该遗址由南北两座大房址及两房址之间的七座小房址组成。

南部和北部的两座大房址都仅存夯土台基。七座小房址均坐东向西，平面呈长方形或长条形，地面均被火烧成硬面，烧土面厚约 1 厘米。各房址的南、北壁均有对称分布的七对壁柱，壁柱下础石大部分系花岗岩制成。房址面阔 1.7～4.7 米，进深 10 米余，墙厚 2.5～3.8 米（图 34）。

3 号建筑遗址压在汉代文化层下，汉代文化层应为遗址倒塌、毁坏、废弃后的堆积层。该遗址出土了大量的建筑材料，有砖、瓦、瓦当等。筒瓦表面均施中粗绳纹和粗绳纹，具有典型的西汉中晚期特点。在出土瓦当中，文字瓦当以"长生无极"为主，图案瓦当以周边饰网格纹和栉齿纹的云纹瓦当为主，这些均为西汉中晚期和新莽时期流行的瓦当。建筑遗址出土的"五铢"、"大泉五十"、"货泉"等，均为西汉中晚期货币。根据地层关系、出土遗物的时代特点推测，3 号建筑遗址时代应为西汉中晚期，其上限不会超过西汉中期，这与文献记载桂宫建于汉武帝时期是一致的。从 3 号建筑遗址的废弃堆积中，尤其是从 1 号房址的大量红烧土堆积来看，该建筑可能毁于王莽末年的战火。

3 号建筑遗址的七座小房址均坐东朝西，平面呈东西向长条形或长方形，面阔小于进深。每座房址均于西檐墙辟门，门道宽大，隔墙厚实，南北两壁壁柱繁密。这与汉长安城宫殿、少府、官署等建筑有较大差异，后者一般坐北朝南，采光较好，面阔大于进深，房间隔墙厚 0.5～1.1 米。显然 3 号建筑遗址的七座房址不适于人们居住和活动，似为桂宫中的一处仓储遗址。

（4）3 号建筑遗址下的排水渠

排水渠遗址位于 3 号建筑遗址 7 号房址下面。2000 年 3 月 19 日～2000 年 4 月 6 日，对该遗址进行了发掘。自东向西开探沟一条，东西长 20.25 米，南北宽 1.85～2.56 米，深 2.32 米。

排水渠遗迹在桂宫 3 号建筑遗址 7 号房址地面以下 0.8 米处，东西向横穿 3 号建筑遗址。发掘区内，7 号房址以下部分为子母砖券顶的暗渠，7 号房址以外部分则为明渠。已发掘部分总长 20.06 米，宽约 2 米（图 35）。

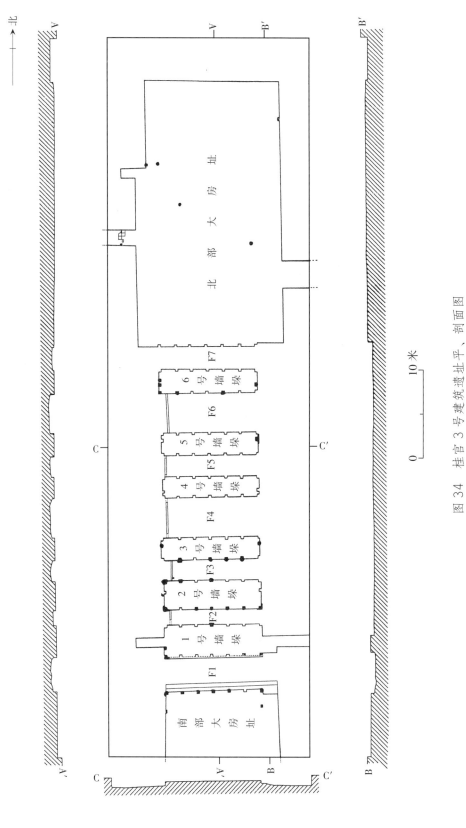

图 34　桂宫 3 号建筑遗址平、剖面图

（采自中国社会科学院考古研究所，日本奈良国立文化财研究所《汉长安城桂宫 1996~2001 年考古发掘报告》，文物出版社，2007 年）

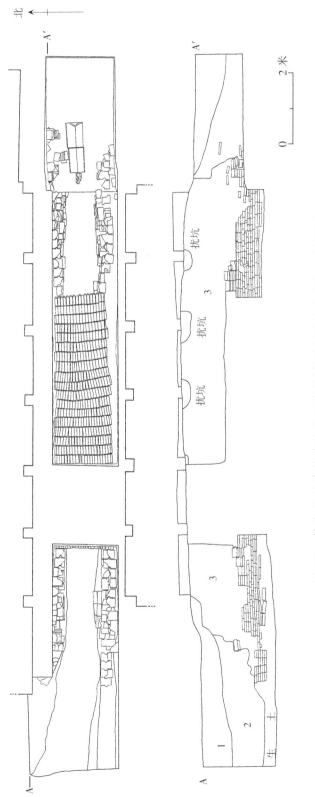

图 3-5 桂宫 3 号建筑遗址 7 号房址地面之下排水渠平、剖面图

1. 红烧土 2. 灰色土 3. 夯土层

（采自中国社会科学院考古研究所、日本奈良国立文化财研究所《汉长安城桂宫 1996~2001 年考古发掘报告》，文物出版社，2007 年）

从地层关系看，排水渠被桂宫 3 号建筑遗址的夯土所叠压，渠内的淤土又被五角形水管道所叠压，五角形水管道上面则叠压一层夯土。排水渠原为明渠，桂宫 3 号建筑修建时，将其改为子母砖券顶的暗渠从 7 号房址下面通过。由此可见，7 号房址地面之下排水渠的明渠始建年代应早于桂宫 3 号建筑。在使用的过程中，由于淤积日益严重而难以继续使用时，又加以改造，在淤土之上增加了五角形水管道，以保证水渠的畅通。伴随着桂宫 3 号建筑的废弃，排水渠也一并遭到废弃。因此，排水渠遗迹的年代上限应为西汉早期，其下限为西汉末年。

根据钻探资料，排水渠东起横门大街西侧排水沟，横穿桂宫宫城，西至西城墙外护城河，担负着汉长安城西北部及桂宫的主要排水任务，是汉长安城内一个重要的排水设施。它的发掘，对研究汉长安城内的排水系统具有非常珍贵的资料价值。

（5）4 号建筑遗址

4 号建筑遗址位于今铁锁村东北约 25 米，距汉长安城桂宫遗址西墙东 182 米，北墙南 215 米，汉代地面以上部分已遭破坏，仅存汉代地面及其以下遗迹。

2000 年 10 月～2001 年 4 月，发掘 4 号建筑遗址，发掘面积 14880 平方米。

遗址以中间南北通道为界，分东西两部分。西部建筑南北长 95.2 米，东西宽 40.6 米，由主体建筑、殿堂台基及附属建筑 1、4 号房址和殿堂台基南面的庭院组成。东面建筑平面呈不规则形状，南北长 103.55 米，东西宽 57.85 米，由殿堂台基、附属建筑、两座院落和西墙、北墙组成（图 36）。

4 号建筑遗址，除位于耕土层下现存基址之外，其余皆在第三层之下。该遗址第三层出土遗物均属西汉时代中晚期与王莽时期，未见西汉早期遗物。如遗址第三层内出土的货币有"五铢"、"大泉五十"、"货泉"等，大量粗绳纹板瓦、中粗绳纹和粗绳纹筒瓦及周边饰栉齿纹和菱形网格纹的云纹瓦当等，都颇具西汉中晚期与新莽时期特点。因此，第三层堆积为西汉中晚期与新莽时期文化层。

4 号建筑遗址的基址夯土筑于生土之上，建筑遗物的年代均为西汉中晚期，故推断其时代为西汉中晚期。从第三层出土遗物时代上限不超过西汉中期来看，与文献记载桂宫建于汉武帝时期是一致的。桂宫 4 号建筑遗址的废弃堆积，证明遗址可能毁于王莽时期的战火。

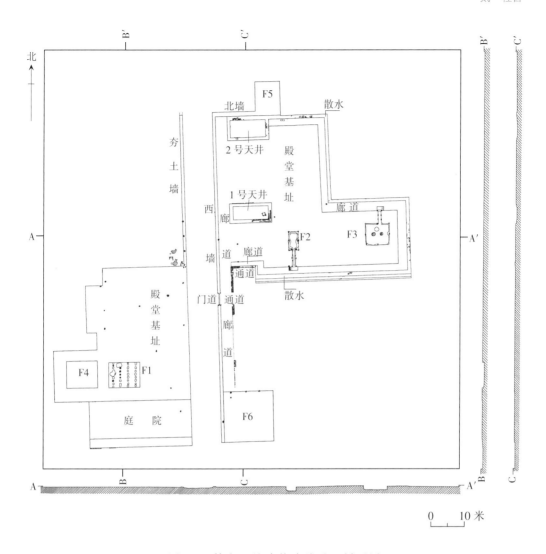

图 36　桂宫 4 号建筑遗址平、剖面图

（采自中国社会科学院考古研究所、日本奈良国立文化财研究所《汉长安城桂宫 1996~2001 年考古发掘报告》，文物出版社，2007 年）

　　从 4 号建筑遗址整体来看，其布局不规整，结构松散。据现存的建筑设施功能分析，与日常生活关系密切，可能为桂宫后妃的生活区。

　　（6）5 号建筑遗址

　　5 号建筑遗址位于桂宫北部居中，今铁锁村东北。遗址西距铁锁村东部路约 267 米，北沿北距桂宫北墙约 185 米。

　　经勘探，遗址夯土基址平面呈东西向长方形，南北两侧有多处曲折。夯土基址上部已遭破坏，基址多直接压在耕土层下，距地表深 0.2~0.4 米，夯土厚约 1.8 米。

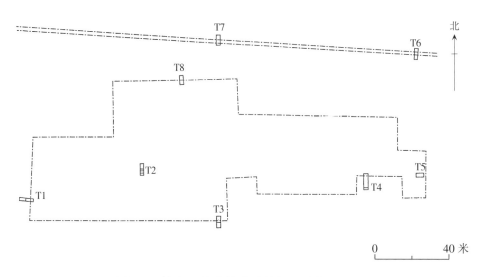

图 37　桂宫 5 号建筑遗址钻探、试掘平面图

(采自中国社会科学院考古研究所、日本奈良国立文化财研究所《汉长安城桂宫 1996~2001 年考古发掘报告》，文物出版社，2007 年)

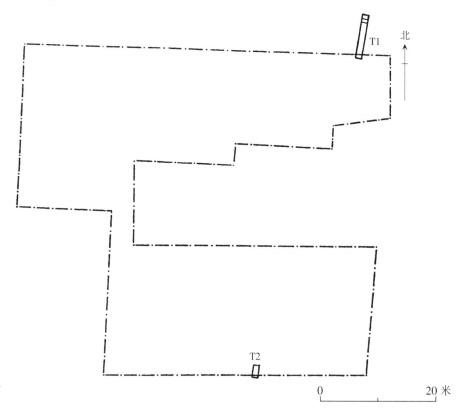

图 38　桂宫 6 号建筑遗址钻探、试掘平面图

(采自中国社会科学院考古研究所、日本奈良国立文化财研究所《汉长安城桂宫 1996~2001 年考古发掘报告》，文物出版社，2007 年)

在夯土基址以北16米勘探出一条东西向夯土墙。夯墙从基址中部偏西处向东延伸约342.5米后南折，向南132.5米后，又向西折42.5米。夯土厚0.9~1.1米，夯土下为生黄土。

1997年7月，在5号建筑遗址共开探沟六条，其中西、北、东边和中部各一条，南边两条。此外，在遗址以北的夯土墙上开探沟两条。通过试掘，基本明确了5号建筑遗址的范围、规模、保存现状和时代（图37）。

遗址夯土台基东西长215.8米，南北宽74.4米，台基周铺设廊道。遗址东部和南部较西部和北部保存要好。遗址北面存围墙遗迹，墙宽1.3~1.8米，方向273度。从出土遗物中的粗绳纹板瓦、中粗绳纹和粗绳纹筒瓦及周边饰菱形网格纹的云纹瓦当来看，遗址的年代为西汉中晚期。

（7）6号建筑遗址

6号建筑遗址位于桂宫南部东西居中位置，在今夹城堡东。遗址西距2号建筑遗址97.5米，南距桂宫南宫墙62.5米。遗址有南北相连的两座夯土台基，南面的台基平面呈长方形，东西长65米、南北宽31米；北面的台基南沿有多处曲折，平面略呈刀把形，东西长91.2米，南北最宽处39.5米，最窄处15.5米。

2001年5月，试掘了6号建筑遗址（图38）。6号建筑遗址位于桂宫南部居中，西为2号建筑遗址，南近桂宫南宫墙。6号建筑遗址与2号建筑遗址之间有一条南北路，向南出桂宫南门——龙楼门，直通直城门大街，交通便利。加之其建筑规模宏大，结构复杂，应是桂宫内的一座重要建筑。从出土遗物看，时代应为西汉中晚期。

（8）7号建筑遗址

7号建筑遗址位于桂宫西北部，今铁锁村东北。4号建筑遗址在其西南，3号建筑遗址在其正南，5号建筑遗址在其东南。遗址西距桂宫宫墙302米，北距桂宫北宫墙90米。遗址南边有多处曲折。

2000年7月，对7号建筑遗址进行了试掘（图39）。从7号建筑遗址出土的各种遗物看，以西汉中晚期的建筑材料为主，即遗址的年代为西汉中晚期，个别遗物时代或可到西汉早期，说明西汉中晚期以前这里曾有建筑。

4. 考古成果

（1）遗址出土瓦当所反映的桂宫时代

《三辅黄图》载："桂宫，汉武帝造。"西汉中晚期，桂宫作为后妃

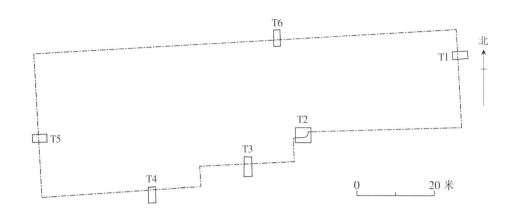

图 39　桂宫 7 号建筑遗址钻探、试掘平面图

（采自中国社会科学院考古研究所、日本奈良国立文化财研究所《汉长安城桂宫 1996~2001 年考古发掘报告》，文物出版社，2007 年）

宫室使用，《汉书·外戚传》多有后妃活动于此的记载。王莽被杀，新莽政权覆灭以后，《后汉书·刘玄刘盆子列传》记载：这时的都城长安因赤眉军"大纵火烧宫室"，而使之"城郭皆空，白骨蔽野"，成为废墟。上述文献记载说明，桂宫始建于汉武帝时期，毁于王莽末年。桂宫建筑遗址汉代文化层考古发掘出土的遗物，其时代没有晚于西汉以后的，绝大多数应该属于西汉中期至王莽末年。这些遗物包括颇具时代特征的钱币、玉牒及大量的砖、瓦、瓦当等建筑材料，其中瓦当因其时代特点突出而最为重要。

根据汉长安城遗址出土云纹瓦当的分型标准，桂宫建筑遗址出土的云纹瓦当均为Ⅲ型和Ⅳ型云纹瓦当，而西汉中晚期皇室建筑遗址中的云纹瓦当一般为Ⅲ型和Ⅳ型（图 40~43）。桂宫建筑遗址出土瓦当所反映的时代特点，连同桂宫遗址考古发掘出土新莽时期的"货泉"、"货布"、"布泉"、"大泉五十"钱币和玉牒等，说明桂宫建于西汉中期，使用于西汉中晚期至新莽时期。根据桂宫建筑遗址考古发现所见遗物、遗迹被大火焚烧的现象，证明宫城毁于火烧。据《汉书·王莽传下》记载："赤眉遂烧长安宫室市里，害更始。民饥饿相食，死者数十万，长安为虚，城中无人行。"说明新莽政权覆灭后，汉长安城已被战火夷为废墟。

图 40　桂宫 2 号建筑遗址出土云纹瓦当 (拓本)

1. Ⅲ型 11C 式 (2 南：T5③：56)　2. Ⅲ型 11C 式 (2 南：T1③：23)　3. Ⅲ型 11C 式 (2 南：T6③：
37)　4. Ⅲ型 11C 式 (2 北：T5③：7)　5. Ⅲ型 11C 式 (2 南：T4③：7)　6. Ⅲ型 11D 式 (2 南：T8
③：11) 7. Ⅲ型 31 式 (2 北：T1③：18)　8. Ⅲ型 32 式 (2 北：T1③：14)　9. Ⅲ型 33 式 (2 南：T5
③：37)　10. Ⅳ型 1A 式 (2 北：T8③：1)　11. Ⅳ型 1A 式 (2 北：T5③：16)　12. Ⅳ型 1A 式 (2 北：
T2③：18)　(采自中国社会科学院考古研究所、日本奈良国立文化财研究所《汉长安城桂宫 1996~2001
年考古发掘报告》，文物出版社，2007 年)

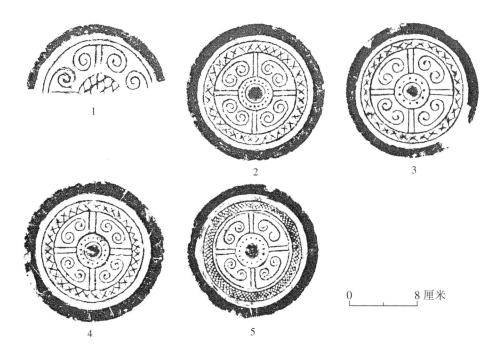

图41 桂宫3号建筑遗址出土Ⅲ型云纹瓦当（拓本）

1. 2式（3：T4③：7） 2. 11B式（3：T1③：35） 3. 11C式（3：T1③：28） 4. 11C式（3：T3③：9） 5. 11D式（3：T4③：11）（采自中国社会科学院考古研究所、日本奈良国立文化财研究所《汉长安城桂宫1996~2001年考古发掘报告》，文物出版社，2007年）

（2）遗址所反映的后宫宫城形制

桂宫宫城遗址平面为长方形。考古勘探资料说明，宫城之内的大型宫殿建筑遗址主要分布在桂宫中南部，正门"龙楼门"即桂宫南宫门。据此可以判定，桂宫为坐北朝南的宫城建筑。

就目前所了解的遗址平面布局情况，1、2号宫殿建筑遗址应为桂宫大型宫殿建筑遗址群中的主体建筑，位于桂宫南部，基本在宫城东西居中（略偏西）位置。

现已勘探出的北宫宫城平面形制，亦为长方形，南北长1710米，东西宽620米[1]。汉代以后，一些都城中的后妃宫城也是南北向平面长方形形制，如隋唐长安城宫城中的掖庭宫等。

大型宫殿建筑遗址群位于桂宫中南部，其中的主体宫殿建筑遗址——1、2号建筑遗址位于其南部。在这组宫殿建筑与桂宫南宫墙之

---

[1] 中国社会科学院考古研究所汉城工作队《汉长安城北宫的勘探及其南面砖瓦窑的发掘》，《考古》1996年第10期。

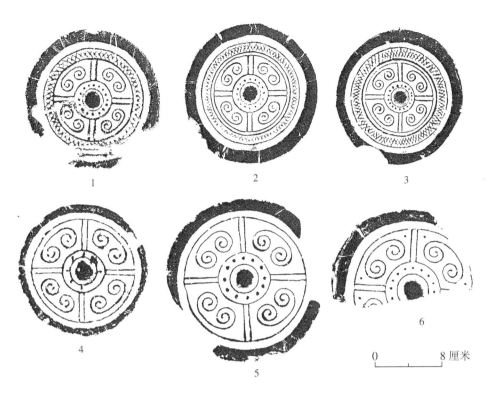

图 42　桂宫 4 号建筑遗址出土Ⅲ型云纹瓦当 (拓本)

1. 11C 式（4：T1③：3）　2. 11D 式（4：T1③：35）　3. 11D 式（4：T1③：80）　4. 17 式（4：T1③：87）　5. 17 式（4：T4③：8）　6. 17 式（4：T3③：1）（采自中国社会科学院考古研究所、日本奈良国立文化财研究所《汉长安城桂宫 1996~2001 年考古发掘报告》，文物出版社，2007 年）

间没有其他建筑，而其东西两侧和北部则分布大量建筑遗址。大型宫殿建筑遗址群的北部分布有桂宫的其他建筑遗址，如作为库房的桂宫 3 号建筑遗址、后宫附属性建筑的桂宫 4 号建筑遗址等。

（3）汉代后妃宫殿建筑遗址特点

对汉代后妃宫殿建筑遗址进行考古发掘的有未央宫椒房殿遗址和桂宫 2、4 号建筑遗址及长乐宫 4 号建筑遗址。在这些遗址中，或有地下、半地下建筑分布，或出土了一些颇具特色的建筑材料——文字瓦当（图 44）。

根据考古发掘资料，以上建筑中多有地下房屋和地下通道或巷道。这些建筑设施大概与后妃宫室建筑性质有一定关系。因为在已经考古发掘的其他非后妃的汉代宫室建筑中，目前尚未发现上述地下房屋、通道或巷道建筑遗迹。

根据考古出土的文字瓦当推断，在西汉中晚期的后妃宫殿建筑中，

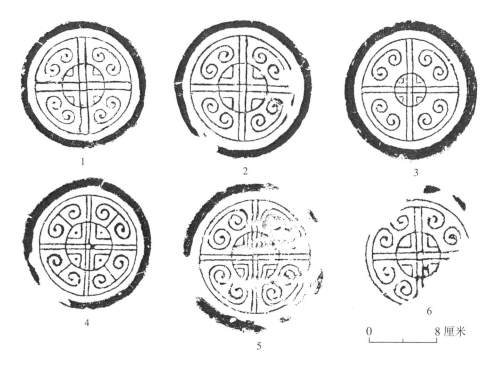

图 43　桂宫 4 号建筑遗址出土Ⅳ型云纹瓦当 (拓本)

1. 1A 式（4：T4③：32）　2. 1A 式（4：T4③：16）　3. 1C 式（4：T3③：33）　4. 4 式（4：T1③：96）　5. 5 式（4：T1③：22）　6. 9 式（4：T3③：10）（采自中国社会科学院考古研究所、日本奈良国立文化财研究所《汉长安城桂宫 1996~2001 年考古发掘报告》，文物出版社，2007 年)

使用的文字瓦当以"长生无极"文字瓦当较多。如汉长安城未央宫椒房殿遗址出土文字瓦当六十九个，其中"千秋万岁"文字瓦当两个，"长乐未央"文字瓦当二十三个，"长生无极"文字瓦当四十四个。"长生无极"瓦当占文字瓦当总数的 63.77%[1]。桂宫 2 号建筑遗址出土文字瓦当三十个，其中"右空"文字瓦当一个，"与天无极"文字瓦当三个，"千秋万岁"文字瓦当八个，"长生无极"文字瓦当十八个。"长生无极"瓦当占出土文字瓦当的 60%。

（4）2 号建筑遗址所反映的汉代宫殿制度

桂宫 2 号建筑遗址由南区和北区组成，北区以北还有夯筑高台。南区的主体建筑是殿堂，前置双阶，殿堂之前为"广庭"，殿堂之后为"院落"，这是典型的朝政之地。北区是由多座院落组成的建筑群，南部东西并列三座院落，北部东西并列两座院落，其间有地下通道相连。

---

〔1〕　刘庆柱《汉长安城遗址及其出土瓦当研究》，《古代都城与帝陵考古学研究》，科学出版社，2000 年。

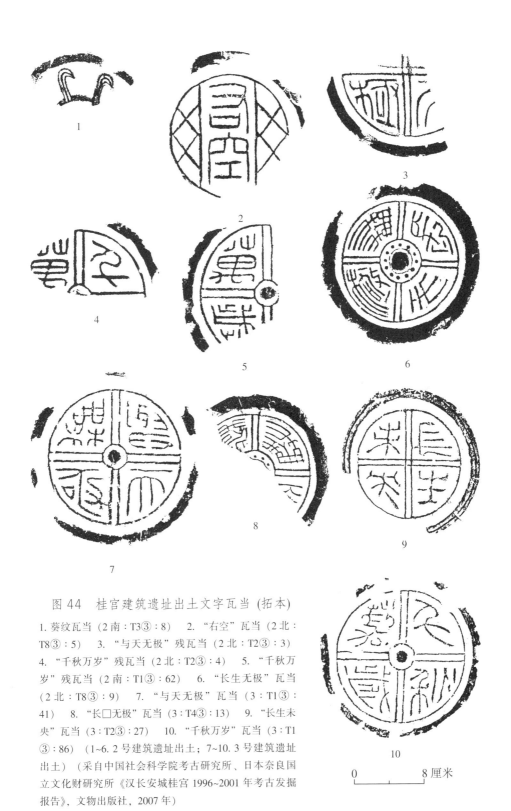

图44　桂宫建筑遗址出土文字瓦当 (拓本)

1. 葵纹瓦当 (2南:T3③:8)　2. "右空"瓦当 (2北:T8③:5)　3. "与天无极"残瓦当 (2北:T2③:3)　4. "千秋万岁"残瓦当 (2北:T2③:4)　5. "千秋万岁"残瓦当 (2南:T1③:62)　6. "长生无极"瓦当 (2北:T8③:9)　7. "与天无极"瓦当 (3:T1③:41)　8. "长□无极"瓦当 (3:T4③:13)　9. "长生未央"瓦当 (3:T2③:27)　10. "千秋万岁"瓦当 (3:T1③:86)　(1~6.2号建筑遗址出土;7~10.3号建筑遗址出土)　(采自中国社会科学院考古研究所、日本奈良国立文化财研究所《汉长安城桂宫 1996~2001 年考古发掘报告》,文物出版社,2007 年)

0 ────────── 8厘米

如果说南区为后妃朝政活动之地，北区则为后妃寝居所在。朝政殿堂在南区居南、居中，后妃寝居在殿堂建筑之后。由此可以看出，桂宫 2 号建筑遗址的"前堂后室"、"前朝后寝"的基本布局，这种布局形制不只限于皇帝朝寝建筑，后妃的主要宫室建筑亦尊此制。民间的"前堂后室"建筑布局形制也是受到皇室建筑的影响。

桂宫 2 号建筑遗址北部的夯筑高台属于"苑"类建筑，也就是文献记载桂宫中的"土山"。在汉武帝修建的建章宫中，建章宫前殿置于宫城宫殿建筑群的南部，其北有皇室的寝居，再北又有象征大自然的山水—— 蓬莱（或称渐台）和"太液池"。与建章宫同时代的桂宫 2 号建筑遗址的南区殿堂、北区寝居和北区之北的"土山"，反映出设计者追求人与自然和谐的建筑理念。这种理念对中国古代建筑产生了深远影响。

保护工程篇

叁　桂宫2号建筑遗址（南区）保护工程背景

（一）第一次考古发掘

根据国家文物事业管理局颁发的中华人民共和国考古发掘证照考执字［1997］第190号，1997年10月～1998年5月，中国社会科学院考古研究所和日本奈良国立文化财研究所组成的中日联合考古队对夹城堡东的桂宫2号建筑遗址进行考古发掘，发掘范围东西长84米，南北宽56米，面积4704平方米。出土遗物主要有陶器、铁器、铜器、钱币等，陶器主要是建筑材料和生活器皿，铁器有生产工具和兵器，铜器有镞、环等。

考古发掘结果表明，桂宫2号建筑遗址为桂宫正殿，由三部分组成，即南区、北区和北面的高台建筑。南区主体建筑——宫殿殿堂居中，东西两侧为附属建筑，南为广庭，北为院落。宫殿殿堂台基东西长51米，南北宽29米，台基四壁有壁柱。其外环绕廊道和散水。廊道地面铺砖，宽2～2.1米，有卵石散水和以瓦片竖立铺装的散水。

殿堂南面设东西二阶，为上下殿堂的通道，二阶对称分布。

殿堂台基东有一组半地下建筑房址，南北长22米，包括门道、传达室、通道和主室四部分。门道有南北两处，南门道自东向西由台阶、平道、坡道和平道组成；北门道自西向东由坡道、平道组成。传达室在南门道北侧，坐北朝南，南墙西部辟门。主室位于地下建筑南北居中位置，平面呈方形，边长6.9米。主室东北有一附室。通道分为南、北通道，南通道在主室以南，北通道在主室以北。该房址地面均铺方砖，并设有多重门槛，房址四壁有壁柱，主室中部有一明柱。房址的地下部分是在夯土台上挖出的，四壁内侧均为夯土，夯土外砌土坯，土坯外抹麦秸泥。由于该房址发掘时有大量红烧土堆积，推测可能是在王莽末年的农民起义中被焚毁。

殿堂台基东部还有一些附属建筑，其南部有瓦片竖砌的南北向通道通向遗址东南。遗址东北角清理出砌砖地漏和排水道，地漏与地下排水道进水口相邻，排水方向为由南向北。

殿堂台基北面东西并列两座院落，二者平面结构相近，均为长方形，中为天井，周设回廊，廊道铺方砖，廊外置散水。二院落北侧为一东西向廊道，院落与廊道间以木坎墙隔开，廊道东西两端辟门。

二院落西部连接殿堂台基各有一南北向通道，每个通道之间又用土墙分成两股道，东通道可能供宫殿内部人员使用，西通道可能为宫殿外部人员使用。因此，在通道旁有类似现代传达室（或门卫室）之类的建筑房址，负责进殿人员的管理。该建筑房址将通道分为东西两部分。

在殿堂台基中北部还有一地下建筑，坐南朝北，北墙辟门，门道北端置门槛，出门进入殿堂北廊。

遗址南区与北区被一堵土墙隔开，南区西北部有一宽大门道，沟通两院。从北区已发掘和勘探的情况来看，北区建筑主要用于生活起居。站在北区的高台建筑上，未央宫前殿、石渠阁、天禄阁和建章宫双凤阙尽收眼底。

在殿堂台基西北部有一眼水井，井台平面呈方形，地面铺砖。水井深5米，井壁上部以扇形砖券筑，下部砌陶质井圈。西部有一些小型院落和类似沐浴场所的砖池设施。

从2号建筑遗址（南区）的具体位置、建筑规模和布局来看，该遗址应为桂宫中的重要宫殿。南区和北区建筑遗址反映出汉代建筑"前朝后寝"或"前堂后室"的布局特点，即将大朝正殿置于南部，其北有用于寝居的宫室和象征大自然的山水，这也集中体现了人与自然的和谐，对后代宫殿建筑规划影响深远，明代北京皇宫北邻景山的设置，可能就是这种设计思想的反映[1]。

（二）保护项目的提出

1997年11月~1998年5月，在桂宫2号建筑遗址（南区）考古发掘期间，中国社会科学院副院长王忍之、秘书长郭永才，中国社会科学

---

〔1〕　中国社会科学院考古研究所、日本奈良国立文化财研究所中日联合考古队《汉长安城桂宫2号建筑遗址发掘简报》，《考古》1999年第1期。

院考古研究所副所长张显清、张国宝、王巍，日本奈良国立文化财研究所所长田中琢等曾来现场考察。国家文物局局长张文彬，副局长郑欣淼、张柏，文物保护司司长杨志军、副司长晋鸿逵，博物馆司司长孟宪民，国家文物局考古专家组组长黄景略、成员张忠培，陕西省文物局局长张廷皓、副局长刘云辉、文物处处长周魁英，西安市市委书记崔林涛、西安市政协委员、西安市文物管理局局长李天顺，西安市文物管理局副局长向德、李颖科，文物处处长黄伟等曾来现场视察。

此次发掘是中国政府批准的第一个在全国重点文物保护单位实施的中外合作考古发掘项目，因此，发掘工作在进行过程中就引起中外新闻媒体的高度关注。1997 年春，中国社会科学院在北京举行了关于中日合作考古发掘汉长安城遗址的新闻发布会。1997 年以来，中国国内主要新闻单位，如新华通讯社、《人民日报》、《光明日报》、《中国日报》（英文版）、中央电视台等进行了多次报道，海外不少报刊也登载了相关消息。

专家领导的重视和媒体的宣传引起了群众的广泛关注，在当地造成一定影响。面对前所未有的保护热情，西安市文物管理局与中国社会科学院考古研究所的相关领导研究后认为，应该对该遗址采取切实有效地保护措施进行保护展示。

1998 年 3 月 30 日下午，在发掘工作结束前，西安市文物管理局组织有关专家和领导就桂宫 2 号建筑遗址（南区）的保护与利用问题召开专家论证会。

经过与会专家领导的充分讨论，最终达成以下意见：鉴于此遗址蕴涵的丰富历史文化信息和重要研究价值，应该立即采取保护措施，其中"有两种保护利用措施比较可行。一是修建保护大厅将遗址全部遮盖予以保护展示。二是采取覆土保护、复原显示方式，即在宫殿遗址上面覆盖 1.2 米厚的纯净黄土，黄土之上依遗址原样进行原地 1∶1 复原显示，既彻底保护了遗址，又直观地予以展示"。

会议提出："目前应首先对发掘出的宫殿遗址进行回填保护，同时办理征地手续并开始进行保护展示工程方案的编制、论证等前期准备工作。"

（三）保护项目立项（征地）

桂宫 2 号建筑遗址（南区）周围是当地农民的果园和农田。如何保护已经进行考古发掘并且保存较好的桂宫 2 号建筑遗址（南区）发掘现场，首先面临的是遗址区的土地征用问题。

1998 年 3 月 30 日专家论证会结束后，根据会议精神，4 月 3 日，西安市文物管理局在《关于征地保护汉长安城桂宫遗址的请示》（市文发［1998］20 号）中请示西安市委、市政府保护汉长安城桂宫 2 号建筑遗址。4 月 6 日，西安市文物管理局在《关于对汉长安城桂宫遗址进行保护展示的请示》（市文发［1998］21 号）中请示陕西省文物局并国家文物局对桂宫遗址进行保护展示。

4 月 28 日，陕西省委常委、西安市委书记、西安市人大常委会主任崔林涛批示：这是汉长安城考古的重大发现，应重视和支持，建议拨款 50 万元至文物局和未央区先把地征下，围起来并作遗址简易保护。至于复原，等论证后慎重处理。根据领导批示精神，西安市文物管理局、西安市汉长安城遗址保管所委派专人负责遗址区的土地征用工作。经过与当时遗址区所在地未央区政府、六村堡乡、夹城堡的多次协调，最终由六村堡乡与夹城堡签署征地协议。

征地范围包括尤西路以南，夹城堡以东，南北长 90 米，东西长 95 米，面积共计 12.8 亩（8550 平方米）。按照每亩土地 1.2 万元，征地费用共计 15.36 万元。该费用分两期支付，于乙方进驻后一个月内交付 50%，其余 50% 于 1998 年 12 月 31 日前付清。

根据征地协议，征用了桂宫 2 号建筑遗址（南区）发掘区域的遗址保护用地共约 12 亩。该土地主要用于实施遗址的保护展示工程。

土地征用后，在保护初期，为使遗址与外界田野分隔，加强日常看护工作，文物部门首先对遗址区进行了围护隔离。此次隔离措施和材料较为简易，主要是在保护范围的地界上竖立水泥栏杆，然后用铁丝缠绕水泥栏杆。其网状结构可以防止对遗址的侵占、践踏，也为下一步开展桂宫 2 号建筑遗址（南区）的本体保护工作提供了最基础的条件——土地。

（四）保护方案的编制和报批

随着土地问题的顺利解决，桂宫 2 号建筑遗址（南区）的保护工作有序展开。为了更科学合理地保护和展示遗址发掘原貌，西安市文物管理局委托具有文物保护规划设计甲级资质的陕西省古建设计研究所设计遗址的保护展示方案。

保护展示方案主要遵循以下原则：

第一，在完整保护基址和一切遗址现象的前提下，将遗址区建设成保护为主的展示服务区。

第二，鉴于西安地区年降水量在 700 毫米以下，冬季冻结深度为 80 厘米，因此覆土保护层最薄不能薄于 80 厘米，再加管道埋深厚度，总厚度当不小于 150 厘米。

第三，在进行保护时，为同时兼顾保护和展示的需要，对遗址的地面原铺砖情况进行部分复原，复原后的汉代云纹方砖兼做以后的观览通道。

第四，此次设计方案是对遗址发掘现场进行实测，在获取准确详细的实测数据后再进行回填，填土约 1.5 米对原真遗址进行保护，然后将原遗址整体向上平移，或者可以说在原遗址上部"克隆"出一个桂宫 2 号建筑遗址。

保护展示方案的主要内容包括大殿夯土遗迹利用覆土保护的方式，廊和散水均以保护廊的形式保护。

1999 年 8 月 11 日，西安市文物管理局邀请陕西省文物局、陕西省文物保护修复中心、西北大学、西安建筑科技大学等单位的领导、专家学者对桂宫 2 号建筑遗址（南区）保护方案进行论证。专家们认为，汉长安城桂宫 2 号建筑遗址（南区）保存较好，迹象清楚，又有地下室遗迹，且建筑材料遗存较为丰富，如散水的用料做法就有好几种（瓦片、卵石等）。遗址区域内不仅有大殿夯土台遗迹，还有井、浴室、庭院、廊等附属建筑遗迹，整体布局严谨。陕西省古建设计研究所的保护方案能直观地体现出桂宫遗址的基本布局，起到较好的展示作用。各种保护方法运用得当，大殿夯土遗迹利用覆土保护的方式，廊和散水均以保护廊的形式保护。此方案基本做到整体保护，且保护方法具有一定的可逆性。

会议同时建议：

第一，陕西省古建设计研究所在此保护方案的基础上，要进一步研究对遗址全部揭露展示的技术措施的可行性；对遗址宜采取具备揭露展示保护与覆土保护相结合的措施；保护廊柱在原廊柱遗址上重建要慎重；保护廊道新型材料的应用要考虑其适应性和耐老化性；对桂宫遗址的严谨布局宜采取全面、完整的展示。

第二，保护遗址的建筑应设置在原遗址之外，并对遗址采取一定的保护措施，以免保护建筑对遗址的再次破坏以及人流量对遗址产生的破坏。

第三，揭露展示遗址，一定要注意遗址及其周围的排水问题，要采取科学的手段使遗址不受自然的侵蚀。

第四，投资概算 194.4 万元。

为尽快实施对汉长安城桂宫遗址的保护，论证会结束后，9 月 13 日，西安市文物管理局《西安市文物管理局关于汉长安城桂宫遗址保护方案的报告》（市文物发〔1999〕72 号文），将专家论证会情况上报陕西省文物局，请陕西省文物局审示并呈报国家文物局审定。

2001 年，陕西省文物局将《关于报送汉长安城桂宫遗址等四个保护规划方案的报告》（陕文物字〔2001〕15 号）上报国家文物局。

2001 年 4 月 16 日，国家文物局在文物保函〔2001〕264 号文《关于汉长安城桂宫遗址保护方案的批复》中批复陕西省文物局。国家文物局原则同意该方案，但提出部分内容尚需作以下调整：

第一，遗址外围应增加可逆性维护设施，使遗址与周边农田保持必要的空间分隔。

第二，观览通道的铺设与材料选择不能影响遗址整体的环境。

第三，关于展室、办公用房等，应与汉长安城遗址的总体保护、展示统筹考虑，此方案暂不设置此类项目。为适应管理的需要，可在展示区外设置小体量、活动性的临时门亭。

肆　实施保护工程

（一）第二次考古发掘

1998 年 5 月，经过多半年的考古发掘，考古部门已经完成了桂宫 2号建筑遗址（南区）的考古发掘工作，并依据工作程序提取了所有出土遗物，完成了绘图、照相等资料收集任务。最后为保护遗址，避免在进行征地和争取保护经费的过程中发生破坏遗址的行为，考古部门按照惯例对遗址全部进行了回填保护。

在文物保护管理部门组织完成该遗址区的土地征用、方案设计、方案报批工作之后，开始实施遗址保护展示工程之前，根据设计方案的要求，必须对遗址进行第二次考古发掘，从而为实施遗址保护展示提供科学翔实的基础考古资料。2001 年 10 月 31 日，在西安市文物管理局的指导下，西安市汉长安城遗址保管所委托中国社会科学院考古研究所陕西第二工作队进行该遗址的第二次考古发掘工作，并签订了《考古发掘协议书》。

《考古发掘协议》签订以后，第二次考古发掘工作开始。此次发掘工作的领队亦为李毓芳。2002 年 4 月，考古发掘工作全面完成。

（二）施工招标

2001 年 8 月 23 日，西安市文物园林局招标工作领导小组召开专题会议，研究汉长安城桂宫 2 号建筑遗址（南区）覆土保护展示工程施工招标问题。经过充分讨论，该工程由具有园林古建筑工程二级、国家文物保护施工一级资质的西安市古代建筑工程公司承担。

西安市古代建筑工程公司主营古建筑维修保护，近现代文物建筑维修保护，古文化遗址、古墓保护，前身是于 1953 年成立的西安市古建社。1979 年 5 月，经西安市政府批准，重新组建。

公司重新组建后，先后承建了西安市及外省、市、地区的古建工程，其中包括西安市小雁塔塔身修复工程，已拍成纪录片存档，并受到国家文物局的表彰。此外，该公司曾先后多次对西安市的标志建筑——钟楼、鼓楼，整修加固、油漆、彩绘，更换宝顶。对国家一级文物西门城楼、箭楼、东门城楼、箭楼，北门箭楼，南门城楼多处修缮。2001年，承担西安市环城公园南门至和平门段的改建工程，并受到西安市政府的表彰。对平凉大明塔和佛教净土宗的发祥地长安县香积寺善导塔进行了较大规模的整修与复原。该公司还承担了三峡摩崖石刻保护工程，兴庆公园环境改造工程，唐大明宫含元殿遗址、麟德殿遗址、天坛遗址等重要文物保护修建工程，城墙抢险包砌工程等。

9 月 8 日，西安市汉长安城遗址保管所与西安市古代建筑工程公司签订《建设工程施工合同》。

（三）监理招标

2002 年 9 月 29 日，西安市文物园林局与陕西省古建设计研究所协商决定，由具有国家文物局文物保护工程临时监理资质的陕西省古建设计研究所监理部，承担汉长安城桂宫 2 号建筑遗址（南区）保护工程的监理工作。该所监理部从事此项工作多年，工作经验丰富，技术力量雄厚。双方经协商签订了《监理委托合同》。

（四）施工方案

由于桂宫 2 号建筑遗址（南区）为遗址本体保护项目，因此在施工方案中，除遵守设计单位的具体设计要求外，还要求施工单位必须做到以下几点：

第一，遗址施工前要有严密的防护措施，防止外界雨水淋湿或灌注到遗址中；

第二，一切施工行为要以保护遗址为首要前提；

第三，对遗址进行的工程测量要求准确翔实，以免复原遗址变形；

第四，原遗址有铺砖部分采用与原砖型号、颜色、花纹一致的仿汉砖铺砌，规格为 34×34×8 厘米的青砖，强度不小于 Mu7.5（要求做旧），M5 水泥砂浆砌筑，其余部分采用新砖铺砌；

第五，卵石、瓦片散水做法要求按照原做法复制；

第六，在遗址主要轮廓折点上埋设标杆，控制遗址轮廓范围，以免

图 45　桂宫 2 号建筑遗址（南区）保护工程施工测量现场

大形走样，埋设点可在遗址四角及地下室转角；

　　第七，遗址以上填埋的灰土（或素土）在不影响遗址的前提下夯打密实，其余部分压实，要求不小于 0.93。

（五）现场施工

1. 施工组织设计

　　第二次考古发掘结束后，根据西安市文物园林局招投标领导小组办公会议研究，桂宫 2 号建筑遗址（南区）的施工单位由西安市古代建筑工程公司承担。

　　2002 年 2 月份，在汉长安城遗址保管所管理人员的配合下，施工单位工作人员开始了遗址区的现场摄录及全方位的实测制图工作（图 45）。该项工作于 4 月下旬完成，并上报西安市文物局。8 月份施工单位完成了该项目的《施工组织设计》。

　　根据《施工组织设计》，施工单位制定了工程质量保证措施、工程进度保证措施、安全文明施工措施，加强了现场管理体制，配备了施工机具设备和相关劳动力。

（1）工程质量保证措施

为保证桂宫遗址保护工程的施工质量达到中国社会科学院考古研究所和西安市文物园林局等各级领导的要求，真正做到精心实测，恢复有据，达到神似之目的，将古建修缮原则真正落实到桂宫遗址保护工程中去，成立桂宫遗址保护工程项目经理部（后文简称项目部），下设专职质量检查组。在项目经理的亲自主持下，首先组织所有施工人员认真学习文物保护法，增强文保意识，在摄像、拍照、实测及回填覆盖和恢复的施工过程中不得出现为保护而发生的损坏遗址现象，把坚持按图施工、按实测复原，认真落实到施工中去，以优良的工程质量实现"百年大计，质量第一"的方针。

此次施工的各类专业技术人员，不但具有多年的施工经验，还具备相关的技术职称，并做到持证上岗。坚持质量就是企业生命的原则，对"只求快，不求好"，"只图进度，不管文物保护"的班组或个人实行严罚重处，以维护企业的良好声誉。

项目部制定质量奖罚条例，质检组跟班检查，认真开展"日评、周评、月结"活动，对连续三次获得质量优胜，文保意识强的班组和个人给予重奖，对连续三次评定质量合格率低于85％的班组和个人给予重罚，对文保意识差的人坚决清退，并将奖优罚劣的活动坚持到工程竣工验收。

坚持工程质量"三检活动"（自检、班检、专职检），互相监督，层层把关。对分部分项工程划分区域，记名挂牌，明确标志，开展互查、互评、互帮、互相促进活动，提高工程质量，并做到奖罚有据，真正把"质量第一"的方针落到实处，贯彻到施工全过程。

严把材料关。此项工程所需的全部材料必须经质检组和甲方现场负责人共同认定后，方可采购进场。对恢复原貌的所需材料，必须提前委托定做，先出样品，经检查认可后方可批量生产。

由于此项工程性质特殊，故提出在遗址覆盖层上部按原貌达到神似的复原要求。每道工序未经检验查证，不得进行下一道工序施工。复原工作对应每处尺寸、形式、形状、形态及用材，必须按摄像及照片认真对照，精心检查，完成一处，验收一处，为工程施工档案积累真实可靠的第一手资料。

（2）工程进度保证措施

项目部全体工作人员，除全面完成本职工作外，相应分编到各个施工队组，实行质量进度管理，明确职责，落实责任，确保专管队组的施工进度达到优良标准。

为保证合同工期的实现，项目部对各分部分项施工采取"六定"措施，即定人、定点、定质量标准、定完成时间、定安全指标、定奖罚标准。实行全方位考核，周评月奖，促进工程按计划顺利完成。

工程采取流水施工法进行，由东到西，全长共分为 A、B、C 三段齐头并进同时开展，施工步骤为：

① 配合考古发掘、摄像、拍照、定位、找平、划分方格网，控制原遗址位置，进行实测绘制复原施工图，做好施工准备工作；

② 铺细沙隔离层（半地下室沿周壁砌 240 墙，挡土墙距遗址墙壁留 50 空隙，灌细沙隔离层）；

③ 砌筑夯台挡土墙；

④ 素土夯填土台；

⑤ 3∶7 灰土夯填土台；

⑥ 按实测资料，恢复遗址原状，达到神似；

⑦ 做参观道及遗址表面防水处理；

⑧ 砌筑钢围栏墙及方柱；

⑨ 钢围栏制作、运输及安装和油漆；

⑩ 绿化及其他。

项目部要求材料及施工设备机具必须按照项目部生产计划安排，在保证产品质量和设备机具完好率达到百分之百前提下，提前到位。不得因任何理由而影响工作计划的实施，违者将追究当事人责任。

项目部决定，由于挡土墙砌筑和夯填素土、灰土工程量较大，故在该工序施工中采取昼夜两班施工。项目部工作人员轮流值班，抓时机，抢夯填，以防阴雨造成工作难度增大或产生不必要的损失，为要求精细、难度大、标准高的复原工作留下充足的作业时间。

（3）安全文明施工措施

工程成立安全文明施工领导小组。由项目经理任组长，经常开展文明施工教育。领导小组对现场的施工用电、机械、机具定期检查，发现不安全因素，及时通报纠正，防患于未然。在施工过程中，尽量避免发生安全事故，否则追究相关责任人的责任。

施工区域设立围栏，严禁非工作人员进入现场，以免发生意外。各种材料的堆放均按平面图合理布置，分类堆放齐整，并做到挂牌标志。在施工过程中，保持现场整洁，道路畅通。

图46　桂宫2号建筑遗址（南区）保护工程施工现场

施工用电管理及各种机械的安装、转移、操作、维修均设专人执行，非专职人员不得接触。

建立门卫制度，坚持24小时值班，防盗、防意外事故发生。

（4）管理体制

设置工程指挥、技术总监、项目经理、质量技术管理、进度劳动力管理、安全文明施工管理、材料设备管理、瓦工、普工、木工、钢筋砼班、构建加工水电。专项负责，层层落实，确保工程的顺利实施。

2. 工程开工

2002年9月10日，西安市文物局、建设单位、监理单位、施工单位全部进入现场，对正式开工前的各项基础工作准备情况进行了交接。根据交接情况，施工前主要完成了以下工作：

第一，桂宫遗址考古发掘完成，摄像、拍照及遗址格局实测工作完成，绘制实测图报西安市文物局及陕西省文物保护中心设计院；

第二，施工图具备，恢复重现实测图具备，工程预算具备，施工组织设计具备；

第三，施工机械设备、机具及施工队伍、管理机构已落实；

图47　桂宫2号建筑遗址（南区）保护工程修砌房址墙壁施工现场

　　第四，施工沙、黄土、砖、石等材料落实，复制仿汉砖瓦件加工厂落实；

　　第五，三通一平基本完成（其中施工用水电，建设单位正在积极同当地政府协商）。

　　交接结束后，在西安市文物局领导的监督下，经过建设单位、监理单位、施工单位三方共同审定，汉长安城桂宫2号建筑遗址（南区）保护工程正式开工。

　　3. 具体工程做法

　　对遗址进行覆土保护之前，在其上覆盖一层5厘米厚的细沙隔离保护层，将遗址本体与其外部的覆盖物隔离。随后在保护层上对遗址现象做复原重现，覆盖厚度约1.5米的素土层（图46）。对于遗址高差超过60厘米的半地下房址墙壁的保护，应先在房址地面上覆盖5厘米厚的细沙隔离保护层，再在其上砌以24厘米厚的砖质挡土墙护壁，该砖质护壁与房址墙壁本体间以5厘米厚的细沙隔离保护，其余部分分层夯实。施工时，要求整体遗址的覆土边缘外放出20厘米宽，然后再铲除到要求尺寸，并挖出柱洞、房址等。

图 48　桂宫 2 号建筑遗址（南区）保护工程铺设廊道地砖施工现场

对各个单体遗址的具体做法为：

（1）夯土基址

在整个夯土遗址上铺设 5 厘米厚的细沙隔离层。为避免夯土基址边缘及壁面遗址特征重复受损，凡与夯土基址有高差的部分，在隔离层上，沿壁面用 M25 水泥砂浆砌筑 12 厘米砖墙支顶（相对高度超过 60 厘米，用 24 厘米砖墙支顶），对于夯土基址间的缝隙及柱洞采用细沙填实。

（2）墙体

原墙体遗址采用隔离层保护，在其上原来位置重新砌筑墙体。要求工程做法用料与遗址原状一致，残破情况与原状达到神似即可（图 47）。

（3）半地下室

地面面层做 34×34×8 厘米仿汉回纹方砖铺砌，对于地面发掘时拥有残存方砖的位置用仿汉素面方砖给予区分，在半地下室墙壁隐蔽处做管道排水。

图49　桂宫2号建筑遗址（南区）渗井保护工程完工后现状

图50　桂宫2号建筑遗址（南区）保护工程修筑围墙施工现场

图51　桂宫2号建筑遗址（南区）保护工程完工后现状

图52　桂宫2号建筑遗址（南区）夯土台基保护工程完工后现状

图 53 桂宫 2 号建筑遗址（南区）夯土台基西部廊道和院墙保护工程完工后现状

（4）铺砖

按遗址现状复原，要求位置轮廓尺寸准确，瓦件、卵石、砖尺寸与原件一致，残破情况与原址达到神似即可（图 48）。

（5）渗井

复原深度 50 厘米，渗井底采用素土夯实，井底预埋管道排水。遗址中的排水道按原遗址复原，长度参照考古平面（图 49）。

（6）草地

隔离保护层上覆耕土 30 厘米厚，上植草皮。

（7）护栏

C15 混凝土压顶，24×18 厘米配 Φ4Φ10@200。

（8）排水

地面排水采用自然排水，由夯土台中部向四周排。地面排水坡度为3%，管道排水坡度为 1%。管道埋深以不触及遗址为原则，兼顾西安地区防冻要求，可根据管道长度调整埋深。

图 54　桂宫 2 号建筑遗址（南区）1 号院卵石散水保护工程施工前后对比

图 55　桂宫 2 号建筑遗址（南区）3 号院卵石散水保护工程施工前后对比

图 56　桂宫 2 号建筑遗址（南区）西南角卵石散水保护工程施工前后对比

图 57　桂宫 2 号建筑遗址（南区）水井保护工程施工前后对比

图 58　桂宫 2 号建筑遗址（南区）西阶保护工程施工前后对比

围墙基部均设排水方孔，长30厘米×高18厘米。方孔洞为现浇件壁厚80厘米，内齐墙面外出墙面10厘米。方孔排水内底标高均为－0.35米，间距不应大于4米。

建筑物围墙外设散水一周，宽度不小于1.5米，坡度为2%，标高应低于－1.25米。

施工完成后，废弃了前期修建的水泥栏杆围墙，重新在遗址四周修砌了钢护栏围墙，共计346米（图50），并在遗址中南部非重点区域竖立文物保护标志碑一块（图51~58）。

（六）先进施工措施

1. 完整性和真实性的保护

桂宫2号建筑遗址（南区）保护工程施工前，为保证遗址本体的完整性和原真性，首先由施工单位对其本体进行了科学、严谨、细致的摄录和测量工作，绘制了详细完备的测量图纸，收集了关于遗址本体最翔实的基础资料；随后，施工人员以5厘米厚的细沙将遗址本体与外部全部隔离，使遗址能够恢复到挖掘前的那种相对封闭的地下环境中；最后用1.5米厚的素土夯实所有已经覆盖细沙或者用细沙维护的区域。如此使遗址本体完整保存于素夯土土层以下，不仅防止了外界人为因素对遗址本体产生新的破坏行为，保证遗址的真实性不受或者少受干预破坏，也减少了由于自然界风雨而导致的侵蚀性、剥蚀性破坏，较好地保证了遗址内部温湿度的相对平衡，同时利用细沙进行隔离的措施对未来的考古工作也具有一定的标识作用。

2. 施工材料的变化

（1）夯土台基和夯土墙壁材料的变化

桂宫2号建筑遗址（南区）发掘时地面保存下来的主要遗迹中，有大面积的宫殿夯土台基和宽0.9~1米、高0.2~0.3米的夯土墙壁。为满足露天展示的需要，此部分遗迹在实施保护时所用的材料并非全部用纯净素土夯制而成，而是在素土中按照一定的比例添加了少量灰土，然后夯打成形。如此既可以满足保护展示的需要，又可固定夯土台基，并且在一定时期内抑制夯土台基上植物的生长，在一定程度上减轻了后期管护的工作量（图59）。

（2）"土坯"材料非土制成

"土坯"是汉代宫廷建筑中半地下房址墙壁的主要建筑材料，由于坚固而承重力强，具有防潮和稳定宫殿基址的作用，因此，在汉都长安

图59　桂宫2号建筑遗址（南区）1号房址保护工程完工后现状

图60　桂宫2号建筑遗址（南区）2号房址保护工程完工后现状

图 61　桂宫 2 号建筑遗址（南区）3 号房址保护工程完工后现状（局部）

城里的宫殿半地下建筑中，以土坯为房屋墙壁材料的情况很常见，在已经发掘的未央宫椒房殿遗址、桂宫 2 号建筑遗址和长乐宫 2、4 号建筑遗址等都可见到。

在桂宫 2 号建筑遗址（南区）的施工中，为展示出半地下房址墙壁的原貌，施工方也采用现代方法，以土为原材料仿制了相同比例的土坯应用于现场施工。由于此墙壁为汉代室内建筑，而今改为露天展示，耐受力非常差。经过几场风雨的洗礼，土坯即面临坍塌的威胁。

针对这种情况，建设单位及时督促施工单位更换材料，双方进行了多次模拟实验，最终参考烧砖的工作程序，将土坯材料用火烧到一定的硬度后再用来铺砌墙壁。通过几年来的实践检验，如此铺就的夯土墙壁既结实耐用，又达到神似要求，符合对遗址进行露天展示的需要（图 60～63）。

（3）"泥皮"材料的不同

同样，由于是露天展示，所以半地下房屋墙壁最外层泥皮的原材料也要有所不同，否则随着风雨的侵蚀，土质的泥皮不仅会剥落，也会对

图62　桂宫2号建筑遗址（南区）5号房址保护工程完工后现状

图63　桂宫2号建筑遗址（南区）夯土墙址保护工程完工后现状

图 64　桂宫 2 号建筑遗址（南区）夯土台基保护工程完工后现状

遗址的环境风貌造成一定破坏。

　　经过现场试验和咨询专家意见，最终墙壁"泥皮"采用的材料是仿土色的驼色水泥。如此，既满足了与原遗址达到神似的目的，也符合对遗址进行保护展示的需要。

　　3. 夯土墙壁保护中的新工艺

　　为达到仿真（即遗址发掘出来的原貌）效果，施工单位在制作半地下房址墙壁时采用了剥离工艺。

　　因发掘时半地下房址的墙壁从外到内分别为泥皮—土坯—夯土，中间系土坯。经过地下两千余年的埋藏，地层中的温湿度发生了明显变化，发掘时墙壁中间的土坯，大部分已经因为脱水而剥落，而极少数未脱落的部分则还是完整的土坯。采用新工艺施工的主要是已脱落部分的土坯墙壁。

　　施工中的具体做法是先用素土夯实整个桂宫 2 号建筑遗址（南区）区域，随后依据考古资料挖掘出半地下房址的轮廓，房址墙壁用新材料制作的土坯包砌，包砌之前根据考古发掘时土坯的保存原貌对部分新土

图 65　桂宫 2 号建筑遗址（南区）半地下墙壁保护工程施工工艺

坯进行剥离，以达到与发掘原貌神似的效果，最后将仿泥皮用料依照考古发掘情况部分地涂抹在土坯上（图 64、65）。

4. 因地制宜的展示手段

桂宫 2 号建筑遗址（南区）的主体建筑为一夯土台基，南为广场；北为两个天井，天井四周为回廊；东为一地下通道，地下通道之东为廊道和汉代建筑的夯土院墙墙壁；西为又一天井；西北为生活用水井。根据发掘资料，南部广场地面、天井四周的廊道、地下通道、夯土台基外围廊道的铺砖现象较少，但砖痕明显。为满足游客参观的需要，在实施保护项目时，将广场、廊道、地下通道等发掘时地面有砖痕，但未发现铺地砖的部分，都铺设仿汉回纹铺地方砖；发掘时地面有铺砖现象的部分，铺设仿汉素面铺地砖。所有铺地砖用砂浆粘连填充（图 66）。如此，既可以展示出相关遗址的具体位置和发掘时的迹象，又可作为游客参观遗址的参观通道。

5. 控制遗址轮廓，减少施工误差

为了更好地控制覆盖后的桂宫 2 号建筑遗址（南区）范围，在填

图 66　桂宫 2 号建筑遗址（南区）铺砌回文砖的参观廊道

图 67　桂宫 2 号建筑遗址（南区）保护工程验收现场

埋遗址时，根据设计方案要求，施工单位在遗址的主要轮廓转折点上（主要是在遗址四角及地下室转角部位）埋设标杆，施工时以标杆为基准点逐渐向外放射扩展，再具体实施不同个体遗址的复原展示工程。如此，能够尽可能准确地保证覆土保护前后的遗址迹象在同一垂直区域，单体遗址的范围也不会因为整体抬高 1.5 米而发生误差或者变形。

6. 建设简易管理房

在设计单位的设计方案中，原来并未有管理房的设计内容。随着保护项目的竣工，其后期的管理和对外接待工作也提上日程。按照国家文物局"关于展室、办公用房等，应与汉长安城遗址的总体保护、展示统筹考虑，此方案暂不设置此类项目。为适应管理的需要，可在展示区外设置小体量、活动性的临时门亭"的批复，文物管理部门委托施工单位在桂宫 2 号建筑遗址（南区）西南角的非遗址发掘区域搭建了三间简易管理用房，用于汉长安城遗址保管所管理人员的日常办公。

临时管理用房的搭建，保证了后期管护工作的正常运行。

（七）竣工验收

由于在施工之前解决了必要的土地、水、电、道路等基础问题，桂宫 2 号建筑遗址（南区）施工工地环境相对较为单一，因此，施工时遇到的阻力较少。偶有当地村干部和部分村民认为土地征用时利益分配不均进行阻挠，经过汉长安城遗址保管所管理人员与当地街道办事处、当地区政府的多方协调，最终保证工程能够正常进行。2003 年春天，由于"非典"的影响，工地的施工停滞了一段时间，随后一切照常进行。

2004 年 8 月，桂宫 2 号建筑遗址（南区）覆土保护工程竣工。

此项工程量总计：根据考古发掘及实测进行保护并复原古建筑遗迹面积 7070 平方米，素土回填夯实 5662 平方米，灰土回填夯实 2712 平方米，恢复瓦片路面 63 平方米，恢复鹅卵石路面 49 平方米，恢复仿汉砖地 1307 平方米，恢复菱形砖块 735 平方米，恢复仿汉砖土坯墙 54 平方米，新做防护围墙 354 平方米，植草皮 3840 平方米，新做砼雨水管道 65 米。

8 月 28 日，国家文物局组织专家组进行了竣工验收。验收组成员包括国家文物局博物馆司司长宋新潮，陕西省文物局副局长刘云辉、文物保护与考古处处长周魁英和副处长赵强，中国社会科学院考古研究所汉城工作队副研究员刘振东，陕西省考古研究所研究员焦南峰，西安市文物管理局总工程师韩保全，西安文物保护修复中心主任侯卫东、研究员王长生，西安市建园林规划设计院总工程师郑灿扬。

根据验收结果，该工程分部工程共二十九项，经检查符合标准及设计要求二十九项，合格率 100%；质量控制资料核查九项，经核定符合规范要求九项，合格率 100%；安全和主要使用功能核查及抽查结果，共核查十三项，符合要求十三项，抽查十项，符合要求十项，合格率 100%；观感质量验收共抽查三十项，符合要求二十八项，不符合要求两项，良好率达 93.33%。

经专家验收，提出意见如下：

第一，该保护工程保护方案科学，保护措施得当。其设计方案经过国家文物局的批准，施工组织周密细致，工程监理工作严格有效，施工单位材料选择符合国家标准，工程资料齐全，符合国家有关验收规范。也能够对桂宫 2 号建筑遗址（南区）发挥有效的保护和展示作用，建议通过验收。

第二，该保护展示工程是国内大遗址保护展示工作的有益尝试，对今后的大遗址保护工作具有重要的借鉴意义，建议尽快加强后期管理工作，总结保护经验，发挥该遗址在今后同类遗址保护中的指导作用。

第三，施工单位应按照规定做好工程后期服务，发现问题及时处理，充分发挥出该保护工程的保护展示作用。

桂宫2号建筑遗址（南区）覆土保护工程顺利通过了验收（图67）。

（八）工程审计

2004年9月6日，西安市古代建筑工程公司完成了桂宫2号建筑遗址（南区）保护工程的工程决算。根据编制说明，此决算依据陕西省古建设计研究所施工图、西安市古建公司实测竣工图及现场签证为准计算。决算执行2001年全国房屋修缮工程定额陕西省价目表，缺项部分执行1999年建筑工程预算定额陕西省价目表和1992年仿古园林工程定额陕西省价目表及配套使用的费用定额。对允许差价的材料，以双方签证价格列入决算。

2005年，受西安市财政局委托，西安市财政投资评审中心对汉长安城桂宫遗址保护工程竣工决算进行了评审。

保护工程上报概算投资194.4万元，审定决算200.04万元，超上报概算5.64万元。

伍 管理措施

（一）开展日常管理

桂宫 2 号建筑遗址（南区）实施保护展示工程伊始，西安市汉长安城遗址保管所即委派骨干管理人员进驻现场，配合施工单位进行现场管理和各项具体事务的协调工作。

2002 年 2 月～2004 年 8 月，经过两年半的施工，工程完工并经过专家领导的验收。随后，现场管理的任务就完全交付保管所来承担。为加强后期管理，西安市汉长安城遗址保管所即正式派驻工作人员进行长期的遗址看护、现场管理和宣教接待工作。同时，在当地村委会招聘了临时工作人员以加强遗址及其周边区域的安全保卫工作。另外，还在遗址附近村庄引进了供电系统，将简易管理房改为遗址管护点临时办公室，购置了办公设备和日常生活用品，保证了日常管理的各项需求。

（二）制作标识系统

2005 年，国际古迹遗址理事会第 15 届大会在西安举行。会议期间，为向游客介绍西安地区的大遗址保护工作，满足大家参观汉长安城遗址的需求，在市文物局的指导下，汉长安城遗址保管所委派专业人员对照遗址发掘原貌和保护展示的实际情况，在主要的遗迹点制作并安置了十六块中英文文物保护说明牌。为与遗址的环境风貌协调，说明牌采用石材制作。为方便游客欣赏，其展示方式为斜面，根据游客的视觉习惯向下倾斜。说明牌展示面为 70×50 厘米，高度为 15～50 厘米（图 68）。

石质说明牌使游客能够较为直观地了解到汉代长安城宫殿建筑的基本形制和特色。

图 68　桂宫 2 号建筑遗址（南区）石质说明牌

（三）加强宣传接待

为了加强宣传力度，更好地展现灿烂的历史文化，汉长安城遗址保管所完成桂宫 2 号建筑遗址（南区）的保护展示工程后，在非遗址发掘区域竖立了一块文物保护碑，2005 年又制作了石质中英文说明牌，编写了基础讲解词，并且对现场管理人员进行了相关业务知识的培训学习。希望通过业务人员的现场宣讲，充分发挥出文化遗产在社会主义精神文明建设中的重要作用，满足遗址区群众和外地游客在参观过程中的基本文化需求，推动社会主义文化大发展、大繁荣。

（四）定期维护清理

桂宫 2 号建筑遗址（南区）位于田野，由于自然界风雨侵蚀和冻融等因素的影响，需要对遗址区进行定期的维护清理。主要措施是委派工作人员清除杂草、清理剥落的墙皮、加固夯土台基、加固部分展示设施等，以维持正常开放展示的需要。

陆　保护工程绩效分析

（一）保护工程的总体效益

桂宫 2 号建筑遗址（南区）保护项目的实施，不仅保护了遗址本体不受伤害，而且对于重现昔日汉都长安城里的后宫宫廷生活场景，传承中华民族优秀传统文化，进行爱国主义教育，增强民族凝聚力，改善遗址区环境，促进旅游业的可持续发展，建设社会主义精神文明等，都具有重要的现实意义和深远的历史意义。

1. 有效保护遗址本体

大遗址的保护工作最根本的是对其本体进行保护，这是特定文化资源发挥其自身价值的重要前提，失去或破坏遗址本体，其所具有的价值也就不复存在。

桂宫 2 号建筑遗址（南区）保护工程实施后，原有的遗址本体以 5 厘米厚的细沙材料覆盖后填埋于素土以下，素土厚度为 1.5 米，相当于对考古遗址进行发掘以后所采取的回填保护措施。如此，原有的考古遗址本体，也就是遗址的原真环境，被给予了较为完整有效的保护，避免了自然界风雨的侵蚀和遗址附近人为因素对遗址本体造成新的破坏，而且遗址本身所具有的重要历史文化信息也被妥善保存。

2. 完整展示出遗址的发掘原貌

保护是为了使大遗址充分发挥其价值。桂宫 2 号建筑遗址（南区）本体实施回填保护后，在其上覆盖素土 1.5 米。随后，施工部门按照科学测量资料，采用现代施工手法和建筑材料，在其上以 1:1 的比例，复原展示出遗址的发掘原貌，使遗址的复原展示状况与遗址本身协调一致。遗址本身所蕴含的丰富历史文化信息完全可以通过地面复原展示的情况予以全面表达。

通过对桂宫 2 号建筑遗址（南区）整体结构完整性和真实性的保护措施，使游客直观地了解到遗址的物质要素，即发掘概况和遗址本体。同时，也对遗址的非物质要素，即桂宫布局、宫城中主要宫殿形制、西汉王朝强盛时期的宫城建筑特色、汉都长安城里的后宫宫廷生活等，有了进一步的了解和认识。

3. 较好地改善了遗址区的环境风貌

对于深埋地下的大型宫殿建筑遗址来说，只有得到有效保护和展示，其自身的历史价值、文化价值、艺术价值和科学价值才能得以充分实现，进而更好地为人们服务。

桂宫 2 号建筑遗址（南区）保护展示项目的实施，不仅体现出遗址自身的各种价值，而且在施工过程中施工方对遗址周边的环境进行了整治，对遗址南部的道路进行了整修，较好地改善了遗址区的环境风貌。

4. 促进相关研究工作的深入开展

桂宫建于汉武帝时期，是作为后妃宫殿建造的。由于同时期的宫殿建筑——建章宫、明光宫等建筑遗迹发现较少，进行的考古工作有限，因此，桂宫 2 号建筑遗址的展示保护，对复原研究当时汉都长安城中后妃的生活场所有重要的历史价值。其丰富的历史信息涉及当时西汉社会的各个层面，包括政治、经济、文化、建筑、科技、规划等等，而这些信息对研究西汉长安城的宫廷社会生活，推动与之相关的考古、历史、规划、建筑等学科的深入开展，具有重要的学术价值。例如，根据考古发掘资料，桂宫宫城平面为南北向的长方形，主要宫殿建筑安排在宫城南部，多组宫殿呈东西向排列。宫城中的主体宫殿从中部移至南部，布局结构坐北向南，这种相对科学的设计理念对后代宫殿布局规划有着深远的影响，唐代大明宫含元殿、北京紫禁城太和殿等主体宫殿建筑都位于宫城的中南部。

5. 激发地方政府和群众保护文物的积极性

由于桂宫 2 号建筑遗址（南区）面积较大，又是汉长安城遗址内第一处通过征地实施保护工程的遗址，因此，在施工过程中，慕名前来参观的地方政府领导和群众络绎不绝。其中时任西安市委书记的崔林涛及西安市政协委员、未央区政府和六村堡街道办领导多次前往文物保护的现场进行检查指导，并协助汉长安城遗址保管所解决了施工中出现的相关问题。

保护工程的实施，不仅密切了文物部门和地方政府、地方群众之间的鱼水深情，亦扩大了遗址保护工作的影响，间接地宣传了遗址的重要性，提高了当地政府和老百姓对文物保护事业的认识，使他们进一步认识到遗址保护，对改善当地社会环境面貌，促进文化发展所产生的积极作用，使他们从自身的经历中感受到遗址保护带来的精神文化需求上的回报。桂宫2号建筑遗址（南区）保护工程的实施极大地激发了当地政府和广大群众保护遗址的积极性。

6. 为继续开展遗址保护工作积累经验

桂宫2号建筑遗址（南区）保护工程结束后，其保护方式受到国家、省内外领导、有关专家的一致好评。大家普遍认为，桂宫2号建筑遗址（南区）覆土展示保护工程的实施，不仅回填保护了地下遗址的原真性，亦向游人复原展示出此遗址的发掘现场，基本达到保护与展示的和谐统一，创造出一种展示保护的新模式，为我国未来的大遗址保护工作提供了一定的借鉴。

桂宫2号建筑遗址（南区）保护工程是汉长安城遗址内第一次对地下已发掘遗址实施的保护展示工程，是汉长安城大遗址保护工作的里程碑，为今后抢救保护地下已发掘遗址，继续开展汉长安城遗址的各项文物保护工作积累了丰富经验。

（二）保护工程的几点思考

2005年至今，汉长安城桂宫2号建筑遗址（南区）保护项目经过自然界六年的风雨洗礼。在具体管护工作中，我们注意到此保护项目的实施取得了非常重要的现实意义，但同时亦发现以下几点不尽人意之处，希望对今后同类型遗址的保护展示工作起到一点借鉴作用：

1. 北部天井排水不畅

汉长安城桂宫2号建筑遗址（南区）北部有两个天井，西部有一个天井。

经过实践检验，我们发现下雨时几个天井里的排水问题没有得到很好解决，一旦遇到较大的雨水即发生排水不畅，出现雨水淤积于天井的现象（图69）。主要原因是露天遗址的排水设施坡度控制不好，原遗址的地平较低，覆土保护以后其高度与周围地貌相比还不够高。解决的办法是继续加高覆土，争取在保持好遗址展示效果的基础上妥善解决好排水事宜。

2. 灰土材质的夯土台基或夯土墙不能有效防止植物生长

汉长安城桂宫2号建筑遗址（南区）中南部地面夯土台基和北部、

图 69　桂宫 2 号建筑遗址（南区）北部天井积水状况

图 70　桂宫 2 号建筑遗址（南区）夯土台基灰土脱落状况

东部夯土隔墙的施工保护主要是由一定比例的灰土夯打制成，灰土能减少草本植物的生长，较好地展示出遗址的原貌。但是经过实践检验，我们发现灰土并不能从源头上杜绝植物的生长，随着时间的推移，植被还是不断地滋生，对后期的维护造成一定困扰。解决的办法是考虑在夯制夯土台基和地面夯土墙时给灰土里添加一些防止植物生长的化学药剂。

3. 自然界的冻融问题

实施保护后的遗址材料均长期裸露于地表，自然界冻融作用明显，特别是夯土台基和地面铺砌的青砖，在冷热作用的不断收缩膨胀下，有酥软、坍塌、脱落现象。解决的办法是施工的材料需要继续改进为防雨水、防冻融的材料（图70）。

保护工程大事记

1997 年 10 ~ 12 月　　中国社会科学院考古研究所汉长安城工作队和日本奈良国立文化财研究所联合考古队发掘桂宫 2 号建筑遗址（南区），发掘面积 4704 平方米。中方领队刘庆柱，日方领队町田章，参加考古发掘工作的有中国社会科学院考古研究所汉长安城工作队的李毓芳、刘振东、张建峰、姜波和日本奈良国立文化财研究所小泽毅、箱其和久、玉田芳英、次山淳。西安市汉长安城遗址保管所甘洪更、李勤、刘和平配合进行考古发掘。

1998 年 2 ~ 5 月　　中国社会科学院考古研究所汉长安城工作队和日本奈良国立文化财研究所联合考古队继续发掘桂宫 2 号建筑遗址（南区），发掘的主要遗迹为院墙、殿堂、附属建筑等。根据发掘资料，此遗址似为处理朝政的殿堂建筑。西安市汉长安城遗址保管所甘洪更、刘勇、刘和平配合进行考古发掘。

1998 年 4 月　　陕西省委常委、西安市委书记、市人大常委会主任崔林涛在西安市文物园林局局长李天顺等陪同下视察了汉长安城桂宫 2 号建筑遗址（南区）考古发掘现场，对遗址的保存状况和重要性给予肯定。

1998 年 4 月 3 日　　西安市文物管理局（市文发［1998］20 号）《关于征地保护汉长安城桂宫遗址的请示》请

示西安市委、市政府征地保护汉长安城桂宫 2
号建筑遗址（南区）。

1998 年 4 月 28 日　陕西省委常委、西安市委书记、市人大常委会
主任崔林涛批示对桂宫 2 号建筑遗址（南区）
实施征地保护。"这是汉长安城考古的重大发
现，应重视和支持，建议拨款五十万元围起来
并作遗址简易保护，至于复原，等论证后慎重
处理。"

1998 年 7 月中旬　在日本奈良举办对桂宫 2 号建筑遗址与中日古
代建筑遗址比较研究学术报告会。其间中日联
合考古队的发掘人员就 1999 年第 1 期《考古》
杂志发表的《汉长安城桂宫 2 号建筑遗址发掘
简报》进行了认真研讨。

1998 年 10～12 月　中国社会科学院考古研究所汉长安城工作队和
日本奈良国立文化财研究所联合考古队发掘桂
宫 2 号建筑遗址（北区），发掘面积 3864 平方
米。中方领队刘庆柱，日方领队町田章，参加
考古发掘工作的有中国社会科学院考古研究所
汉长安城工作队的李毓芳、刘振东、张建峰和
日本奈良国立文化财研究所玉田芳英、平泽
毅、清野孝之、渡边晃宏、岛田敏男、长尾充
等。西安市汉长安城遗址保管所甘洪更、刘和
平、刘勇配合进行发掘。

1998 年 10 月 18 日　国家文物局文物保护司副司长杨志军在西安市
文物园林局局长李天顺、副局长向德陪同下视
察汉长安城桂宫 2 号建筑遗址（南区）。

1999 年 1 月　《汉长安城桂宫 2 号建筑遗址发掘简报》在
《考古》杂志 1999 年第 1 期发表。

1999 年 2～5 月　中国社会科学院考古研究所汉长安城工作队和
日本奈良国立文化财研究所联合考古队继续发
掘桂宫 2 号建筑遗址（北区），主要包括殿堂、
天井、庭院等。桂宫 2 号建筑遗址南区和北区
建筑基址及其北面的夯土高台应分别为同一组
建筑中的前殿、后殿与宫苑建筑遗址。西安市

汉长安城遗址保管所甘洪更、李勤、刘勇配合进行发掘。

1999 年 4 月 8 日　国家文物局副局长郑欣淼在中国社会科学院考古研究所汉长安城工作队队长李毓芳、陕西省文物局局长张廷浩、西安市文物园林局局长李天顺等陪同下，视察汉长安城桂宫 2 号建筑遗址。

2000 年 1 月　《汉长安城桂宫 2 号建筑遗址 B 区发掘简报》在《考古》杂志 2000 年第 1 期发表。

2001 年 3 月 7 日　联合国教科文组织官员在中国社会科学院考古研究所汉长安城工作队队长李毓芳、西安市文物管理局副局长向德等陪同下，考察汉长安城桂宫 2 号建筑遗址。

2001 年 4 月 16 日　国家文物局文物保函〔2001〕264 号文《关于汉长安城桂宫遗址保护方案的批复》中原则同意汉长安城桂宫遗址保护方案，并对部分内容作出以下调整：1. 遗址外围应增加可逆性维护设施，使遗址与周边农田保持必要的空间分割。2. 观览通道的铺设与材料选择不能影响遗址整体的环境。3. 关于展室、办公用房等，应与汉长安城遗址的总体保护、展示统筹考虑，此方案暂不设置此类项目。为适应管理的需要，可在展示区外设置小体量、活动性的临时门亭。

2001 年 10 月　中国社会科学院考古研究所汉长安城工作队重新发掘桂宫 2 号建筑遗址（南区），参加发掘的工作人员有李毓芳、刘振东、张建峰。此次发掘工作为实施遗址覆土复原保护展示工程提供基础资料。

2001 年 11 月 24 日　国家文物局局长张文彬在陕西省委常委、西安市委书记、市人大常委会主任崔林涛，西安市市长冯旭初，副市长乔征等陪同下，视察汉长安城桂宫 2 号建筑遗址。

2002 年 2 月　西安市古建工程公司工作人员在桂宫 2 号建筑

遗址（南区）开始测量工作，测量工作的进行，标志着保护工程正式开始。

2002 年 9 月　桂宫 2 号建筑遗址（南区）保护工程现场开始施工，工程设计单位为陕西省古建设计研究所，施工单位为西安市古代建筑工程公司，监理单位为陕西省古建设计研究所监理部，保护方式为覆土复原保护展示。

2003 年 10 月 15 日　国家文物局文物保护司副司长关强在陕西省文物局文物与考古处处长周魁英、西安市文物管理局副局长向德等领导陪同下，视察汉长安城桂宫 2 号建筑遗址（南区）保护工程。

2004 年 1 月 11 日　中国文物学会副会长黄克忠在中国社会科学院考古研究所汉长安城工作队队长刘振东、西安市文物管理局副局长向德等陪同下，考察汉长安城桂宫 2 号建筑遗址（南区）。

2004 年 4 月 2 日　国家文物局文物保护司司长顾玉才在中国社会科学院考古研究所汉长安城工作队队长刘振东、西安市文物管理局副局长向德等陪同下，视察汉长安城桂宫 2 号建筑遗址（南区）保护工程。

2004 年 9 月 22 日　桂宫 2 号建筑遗址（南区）覆土复原保护展示工程通过验收。验收组由国家文物局博物馆司司长宋新潮和陕西省文物局、西安市文物管理局有关领导、专家共同组成。

2005 年 1 月 28 日　西安市委常委、市委副书记李书磊在西安市文物管理局副局长向德等陪同下，视察汉长安城桂宫 2 号建筑遗址（南区）。

2005 年 4 月 19 日　世界银行专家在中国社会科学院考古研究所汉长安城工作队队长刘振东、西安市汉长安城遗址保管所所长甘洪更陪同下，考察汉长安城桂宫 2 号建筑遗址（南区）。

2005 年 4 月 21 日　西安市文物局党委书记、局长郑育林及副局长向德和未央区区长郭大为等在汉长安城桂宫 2 号建筑遗址（南区）现场协调遗址保护相关问题。

2005 年 5 月 22 日	陕西省委常委、省委副书记、西安市委书记袁纯清在中国社会科学院考古研究所汉长安城工作队队长刘振东，西安市文物局党委书记、局长郑育林、副局长向德，未央区政府区长郭大为等陪同下，视察汉长安城桂宫 2 号建筑遗址（南区）。
2005 年 6 月 3 日	西安市政协副主席李广瑞一行二十余人视察汉长安城桂宫 2 号建筑遗址（南区）。
2005 年 6 月 17 日	西安市政协副主席王应凯视察汉长安城桂宫 2 号建筑遗址（南区）。
2005 年 8 月 23 日	国家文物局考古专家组组长、国家文物局原副局长、著名考古学家黄景略，中国社会科学院考古研究所研究员徐光冀，中国社会科学院考古研究所西安研究室主任安家瑶，中国建筑科学院历史研究所所长陈同滨，国家文物局考古处处长李培松一行，考察汉长安城桂宫 2 号建筑遗址（南区）。
2005 年 8 月 31 日	西安市政协副主席王永旭在西安市文物局副局长孙福喜陪同下，视察汉长安城桂宫 2 号建筑遗址（南区）。
2005 年 10 月 11 日	在陕全国人大代表一行二十余人视察汉长安城桂宫 2 号建筑遗址（南区）。
2005 年 10 月 18 日	国家文物局局长单霁翔在中国社会科学院考古研究所汉长安城工作队队长刘振东、陕西省文物局局长赵荣、西安市文物局副局长向德的陪同下，视察桂宫 2 号建筑遗址（南区）。
2005 年 11 月 27 日	西安市副市长信长星在西安市文物局副局长向德、西安市汉长安城遗址保管所所长甘洪更陪同下，视察汉长安城桂宫 2 号建筑遗址（南区）。
2006 年 6 月 7 日	世界银行交通管理首席专家爱德华·道森在西安市汉长安城遗址保管所副所长唐龙陪同下，考察汉长安城桂宫 2 号建筑遗址（南区）。

2007 年 1 月 15 日	西安市委常委、副市长韩松在西安市文物局党委书记、局长郑育林、副局长孙福喜陪同下，视察汉长安城遗址桂宫 2 号建筑遗址（南区）。
2007 年 3 月 5 日	西安市委常委、副市长蒋树瑛在西安市文物局副局长孙福喜、办公室主任王戈、文物保护处处长黄伟、西安市汉长安城遗址保管所副所长唐龙陪同下，视察汉长安城桂宫 2 号建筑遗址（南区）。
2007 年 8 月 24 日	西安市政协委员一行二十余人在西安市文物局副局长向德陪同下，视察汉长安城桂宫 2 号建筑遗址（南区）。

〔附　录〕

（一）关于中日合作勘探发掘
汉长安城遗址的批复

文物保函〔1997〕509 号

中国社会科学院考古研究所：

　　你所《关于与日本奈良国立文化财研究所合作勘探发掘汉代建筑遗址的报告》
（社科〔97〕考所字 016 号）收悉。经报请国务院特别许可，同意你所与日本国奈
良国立文化财研究所于 1997 年秋开始，用三年时间合作对陕西省汉长安城遗址进行
勘探发掘。具体意见如下：

　　一、请你所与日本奈良国立文化财研究所尽快制定工作方案并签订协议书，报
我局审批。合作考古勘探发掘工作要严格控制在批准的范围内进行。

　　二、合作考古勘探发掘工作要纳入汉长安城遗址保护规划当中，为地方文物管
理部门完善保护方案提供科学资料。

　　三、每年工作开始前应填报《考古发掘申请书》，当年工作结束后，应向我局
写出工作汇报。

　　此复。

国家文物局

1997 年 9 月 2 日

（二）关于征地保护汉长安城桂宫遗址的请示

市文发〔1998〕20 号

崔书记并乔征市长助理：

　　西汉都城——汉长安城遗址是全国第一批重点文物保护单位，具有重要的历史科研价值。今年年初，中国社会科学院考古研究所和日本奈良国立文化财研究所联合对汉长安城桂宫遗址内一处宫殿遗址进行了考古发掘，揭露遗址长 84 米，宽 56 米，面积约 5000 平方米，主要有大殿、两个庭院、东西附属建筑、门道、墙基、井、水道、散水、檐柱等遗存。大殿院落布局清楚，对研究西汉中期宫殿建筑发展情况有重要科研价值。经与社科院考古研究所研究认为应该对该遗址采取切实有效的保护措施。3 月 30 日下午，我局组织有关专家和领导就桂宫宫殿遗址的保护和利用问题召开了专门论证会。经过充分讨论，会议一致认为有两种保护利用措施比较可行。第一种方案是修建保护大厅将遗址全部遮盖予以保护展示。第二种方案是采取覆土保护、复原显示方式，即在宫殿遗址上面覆盖 1.2 米厚的纯净黄土，黄土之上依遗址原样进行原地 1:1 复原显示，既彻底保护了遗址，又直观地予以展示。经初步估算，第一种方案需资金约 1810 万元，第二种方案是将宫殿遗址西侧鱼池及其北侧土地全部征用，工程共需资金约 180 万元。两种方案比较，我局倾向于第二种方案。目前应首先对发掘出的宫殿遗址进行回填保护，同时办理征地手续并开始进行保护展示工程方案的编制、论证等前期准备工作。

　　该项目建成后，需派专人管护，为参观者服务，故请市编委增设五个事业人员编制。

　　以上请示如无不妥，请批准执行。

西安市文物管理局

1998 年 4 月 3 日

（三）关于汉长安城桂宫遗址保护方案的批复

文物保函〔2001〕264号

陕西省文物局：

你局《关于报送汉长安城桂宫遗址等四个保护规划方案的报告》（陕文物字〔2001〕15号）收悉。经研究，我局对其中《汉长安城桂宫遗址保护方案》批复如下：

一、原则同意该方案。

二、该方案部分内容尚需作以下调整：

1. 遗址外围应增加可逆性围护设施，使遗址与周边农田保持必要的空间分割。

2. 观览通道的铺设与材料选择不能影响遗址整体的环境。

3. 关于展室、办公用房等，应与汉长安城遗址的总体保护、展示统筹考虑，此方案中暂不设置此类项目。为适应管理的需要，可在展示区外设置小体量、活动性的临时门亭。

三、请你局组织方案原设计单位，对方案进行调整后制订工程具体施工方案。

四、工程施工方案由你局根据《汉长安城桂宫遗址保护方案》审批，并报我局备案。

此复。

国家文物局

2001年4月16日

Summary

Han Chang'an City is the oldest and most completed ancient capital site remained by now in China. It occupied an area of 36 km^2, with a distance of 7km from east to west, and 5km from south to north. It was the largest city in the world at that time. As one of the five major palaces in Chang'an, built in accordance with Emperor Hanwudi's command, Guigong Palace (with the meaning of Palace of Osmanthus) was the palace for living and entertaining.

After the excavation of Weiyang Palace and some other remains in Han Chang'an City, Hancheng (a short name for Han Chang'an City) Archaeological Team of Institute of Archaeology, Chinese Academy of Social Sciences (IA CASS) processed the excavation of Guigong Palace from October, 1997 to May, 1998. For the first time, a joint archaeological team composed of archaeologists from IA CASS and Nara National Research Institute for Cultural Properties of Japan had been set up. This joint archaeological team took the responsibility of excavating the Architecture No. 2 of Guigong Palace, which occupied an area of 4704 m^2, with a distance of 84m from east to west, and 56m from south to north.

According to the archaeological excavation, this group of architectures had been built on a rectangular rammed earth platform foundation of about 1550 m^2, with the main palace in the middle and appendent structures in the east and west sides. On the east side of the palace, a set of underground structures including a gateway, a janitor's room, a passageway and a main room, had been found. On the north side of the main palace, there were two rectangular compounds saperatedly located in the east and west. On the southwest side of the main palace, several small compounds and structures which might be used for bath had also been found. There was a water well northwest of the south part of the main palace structure. A complete plumbing works had been built inside this site. Two T – shaped underground cave structures had been found in the main palace. The distribution specifications of this site had been preserved in a good condition. As a result, the outlines of all the structures can be clearly identified. This site has provided precious tangible materials for studying the distribution specifications of palaces in ancient China, therefore has a great important value.

From 2002 to 2005, the Cultural Relics Departments in Xi'an restored the Architecture No. 2 of Guigong Palace as the original size with the purpose to rebuilt the history. Under the guidance of findings during the excavation and historical materials, the restoration project had been processed strictly in accordance with the original palace by using traditional architecture materials and technologies on the overburden layer. The restoration project began with laying the original site with 5cm-thick-sand as an isolation layer. Then a 30cm-thick waterproof layer made of grey earth （3 : 7）, a 115cm-thick protecting layer made of yellow-earth had been paved in turn. Protecting walls had been set up around the （rammed earth platform） site in order to prevent the collapse that might happen near the borders caused by the earth protecting layer which is about 150cm thick. These walls can help preventing losing earth and sand that had been used in the very three layers under the surface. New drainage treatment had been added to protect the underground structure remains besides earth – and – sand – covering – protection – layers.

The protection of ancient sites is always one of the difficulties in cultural relics protection, no matter in term of the opinion or in term of the protecting techninologies. This book records the protection and restoration project of Architecture No. 2 of Guigong Palace （South Part） through specific words and pictures. The experiences of exhibiting and protecting ancient sites are also concluded. We hope this book could be a reference for the great sites protection hereafter.

实测图

泾河

渠

惠

渭

河

渭

瀚

河

汉长
安城

西安市

沪

河

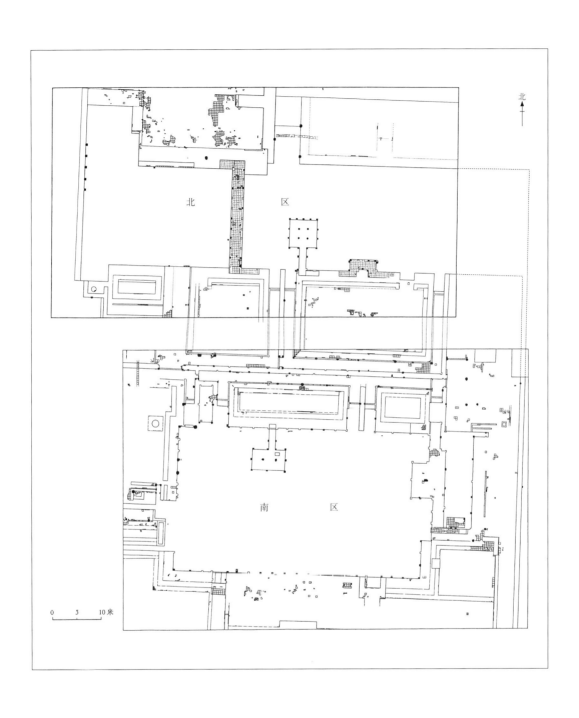

北

区

北

南　　区

0　　5　　10米

一　汉长安城桂官2号建筑遗址平面图

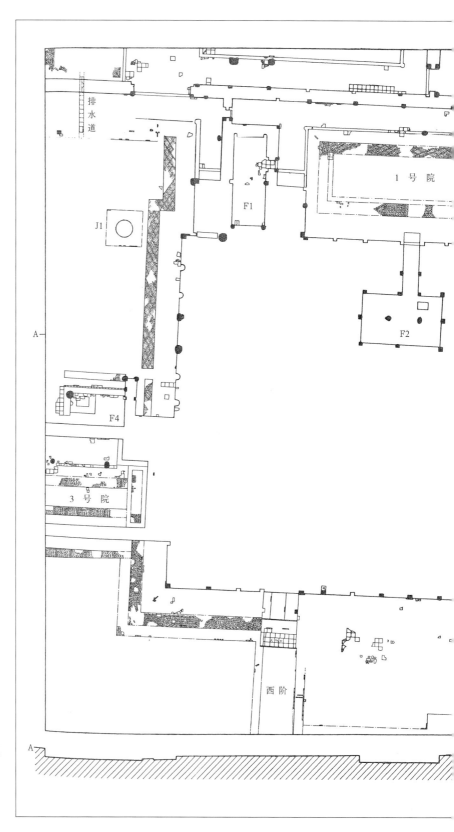

排水道

J1

F1

1 号 院

A—

F2

F4

3 号 院

西阶

二　桂宫 2 号建筑
　　遗址（南区）
　　平、剖面图

A—

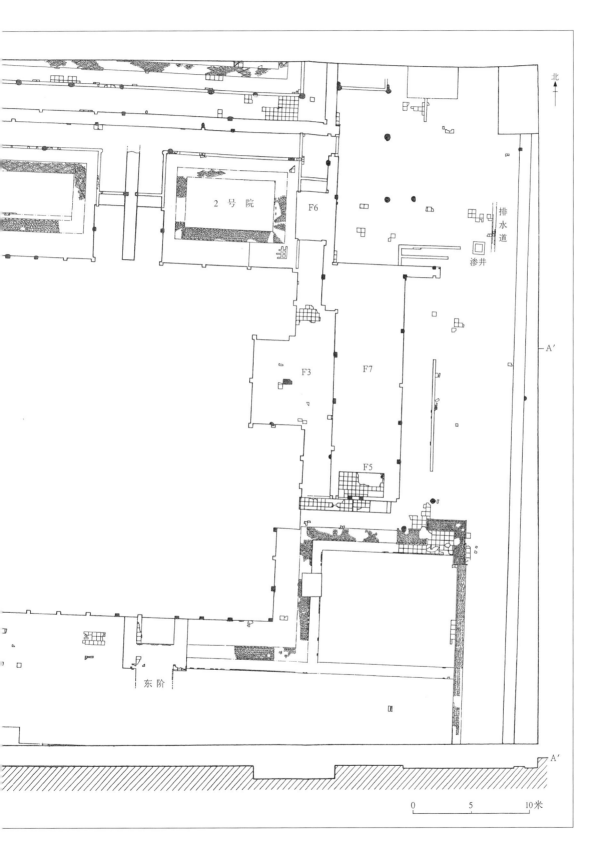

北

2 号院

F6

排水道

渗井

F3

F7

A'

F5

东阶

A'

0   5   10米

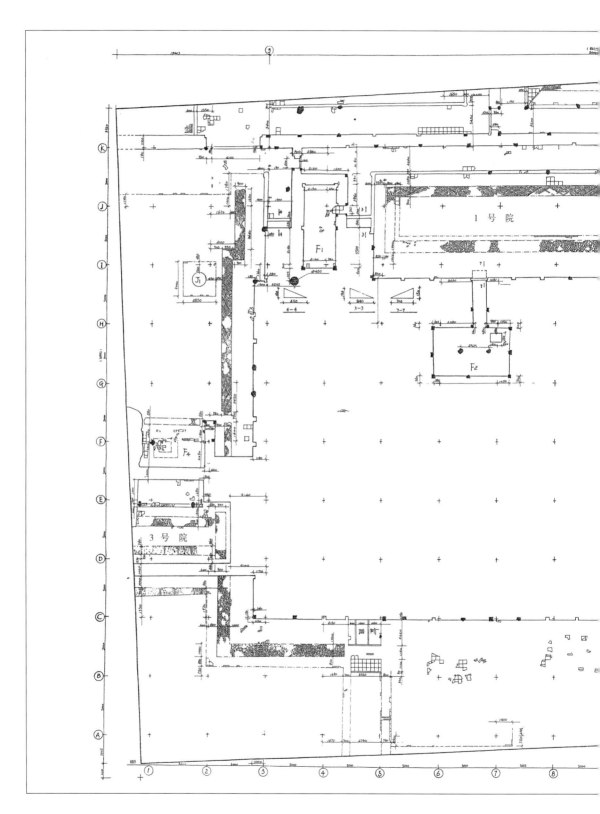

三　桂宫2号建筑遗址（南区）实测平面图

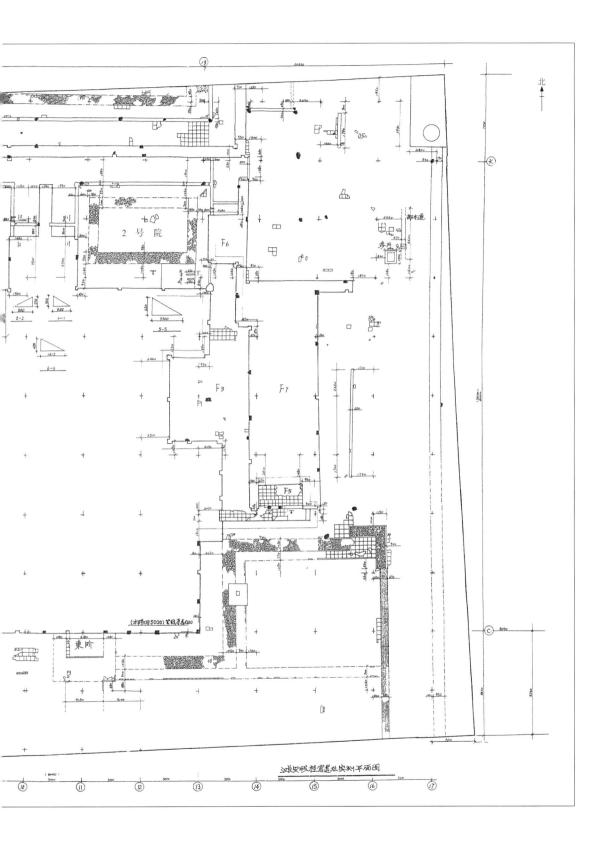

汉魏安城衙署遗址实测平面图

北

2 号 院

F6

F3   F7

F5

东厢

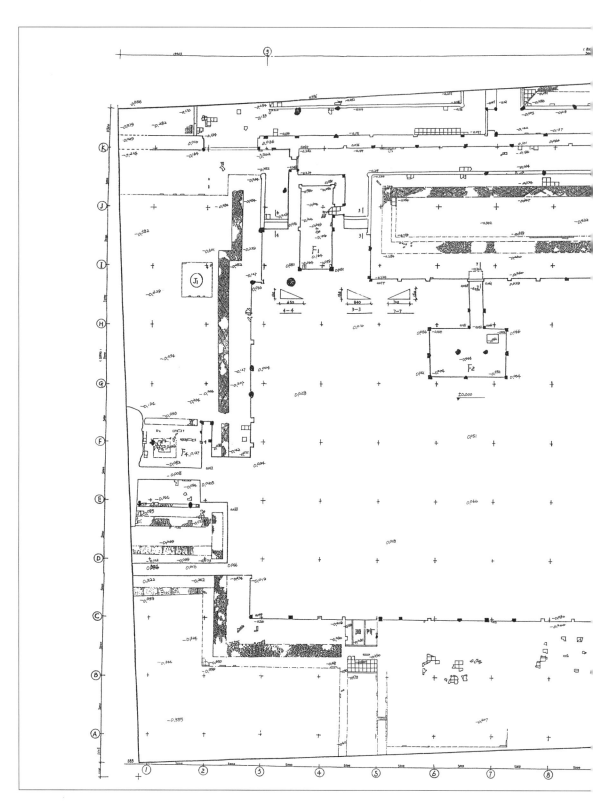

四　桂宫2号建筑遗址（南区）平面标高图

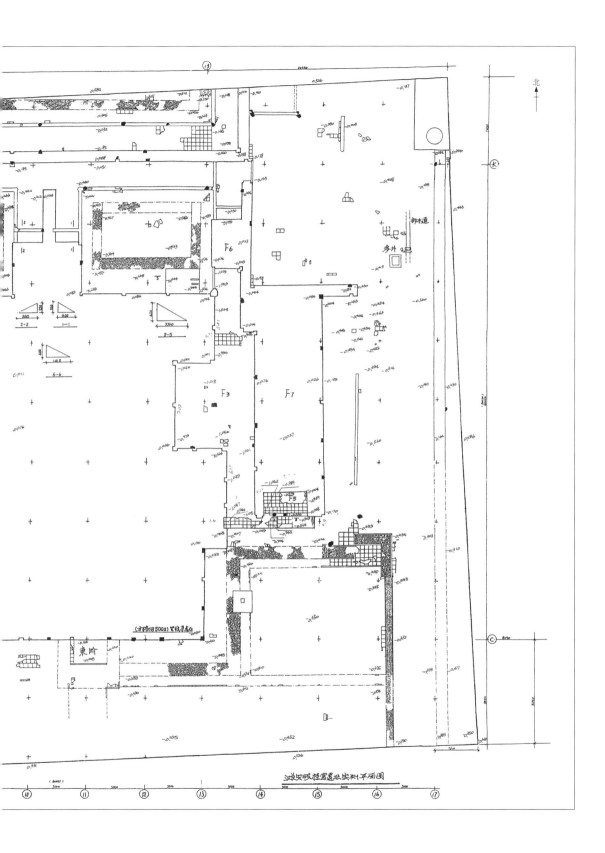

北

排水道
渗井

F6

F3   F7

F5

东所

汉魏故城遗址实测平面图

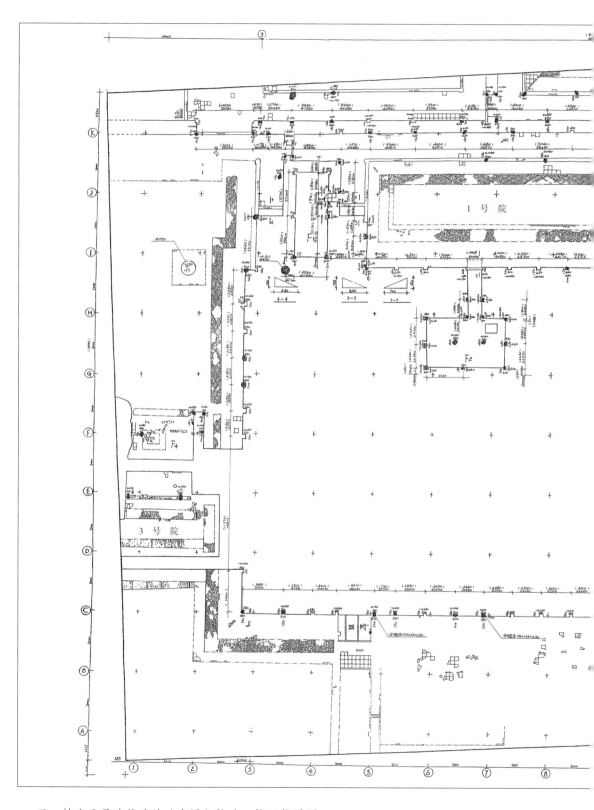

五 桂宫2号建筑遗址（南区）柱础、柱石位置图

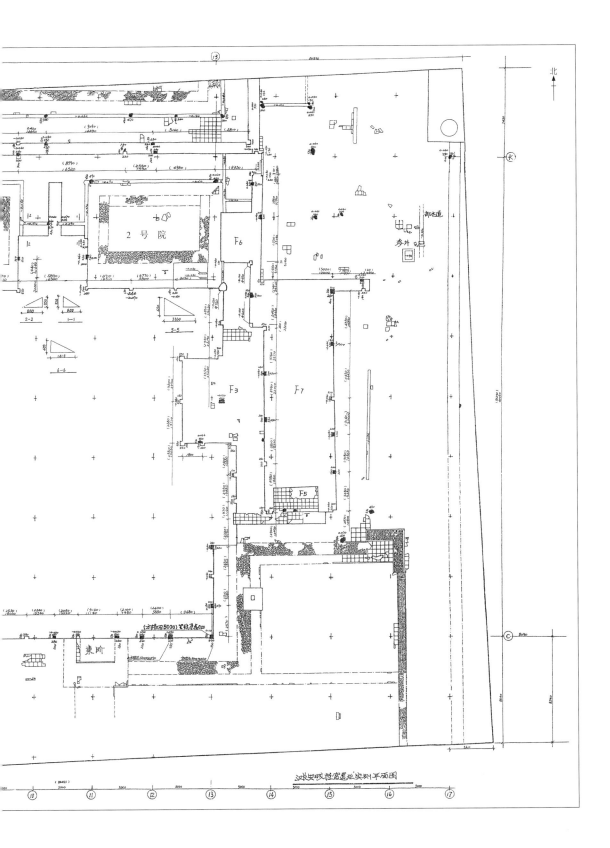

汉长安城遗址实测平面图

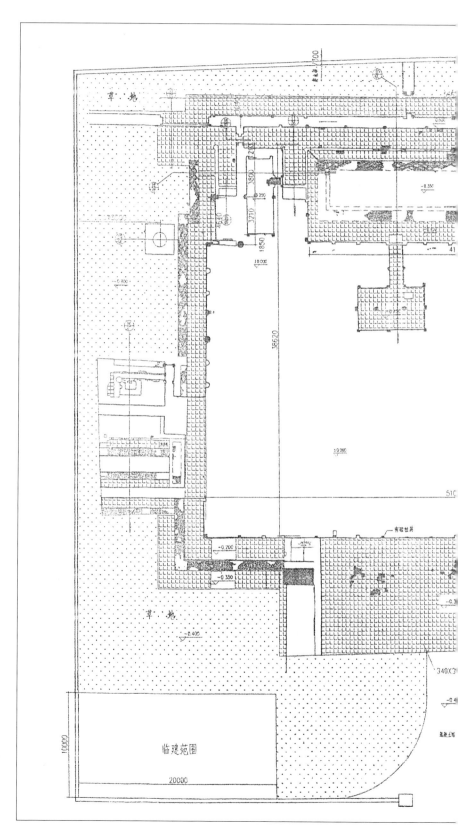

六 桂宫 2 号建筑
遗址（南区）
复原平面图

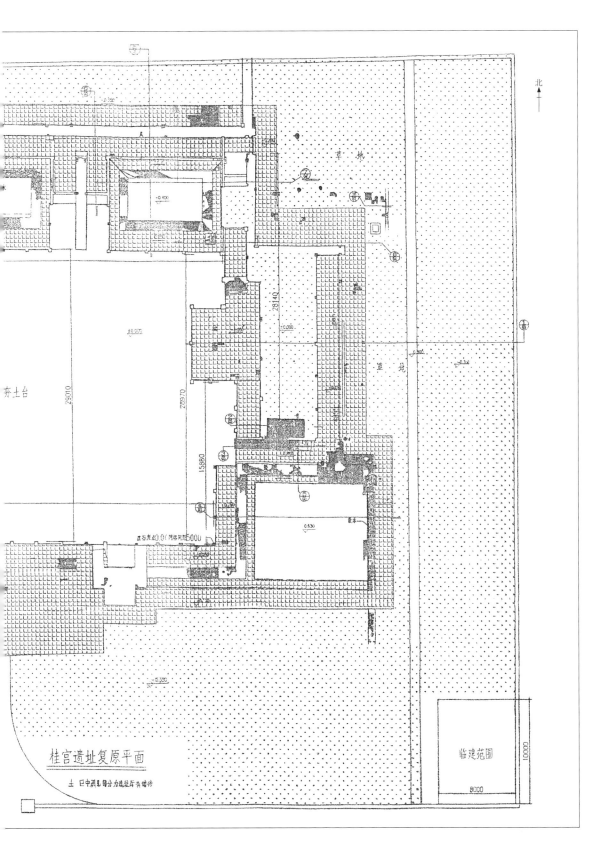

桂宫遗址复原平面

临建范围

北

草地

夯土台

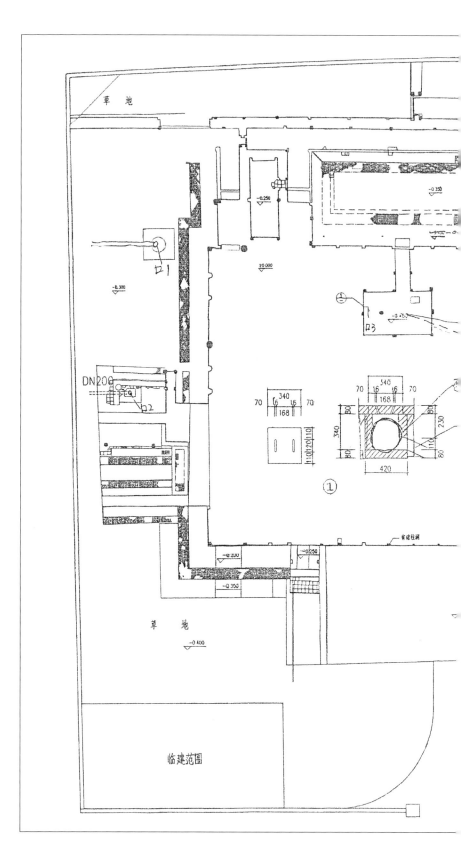

七　桂宫 2 号建筑
　　遗址（南区）
　　排水管道分布
　　图

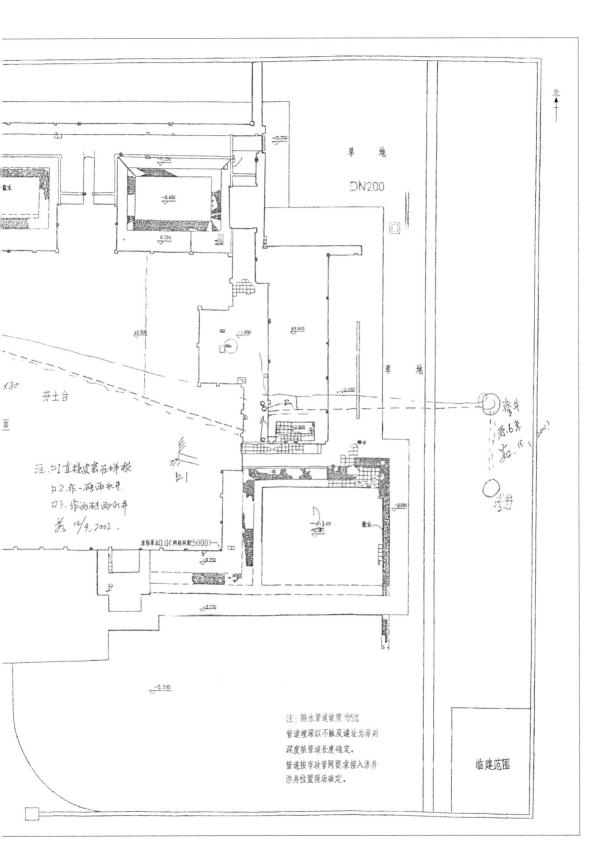

北

草 地

DN200

草 地

蓄水

-0.400

-0.250

-1.000

+0.000

夯土台

注.口1直接安装在排水根
口2.作一砖雨水井.
口3.作两砖雨水井
2002.

座标原点0.0（网格网距5000）

-0.250

-0.250

-0.770

-0.350

蓄水

-0.250

注：排水管道坡度为5%
管道埋深以不触及遗址为原则
深度依管道长度确定，
管道按市政管网要求接入渗井
渗井位置现场确定。

临建范围

139

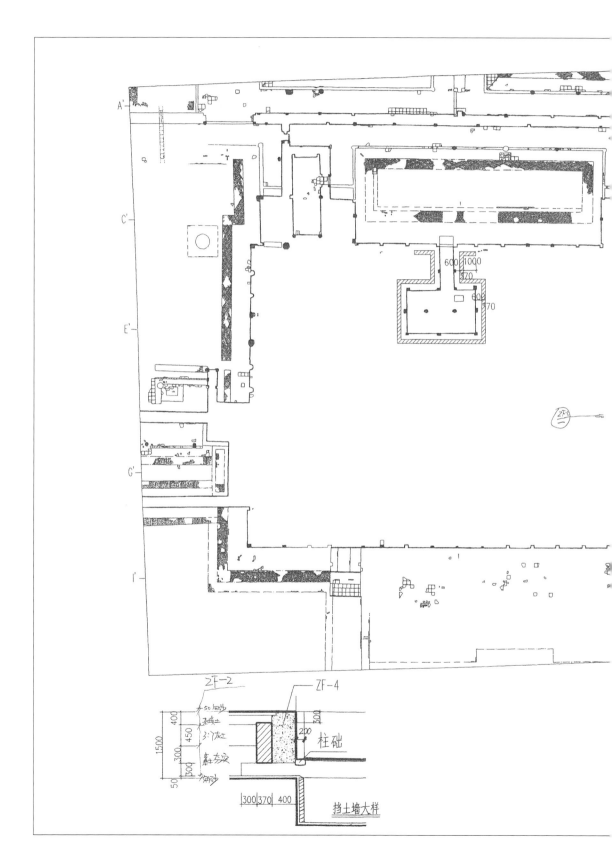

挡土墙大样

300 370 400

柱础

ZF-2
ZF-4

A'
C'
E'
G'
I'

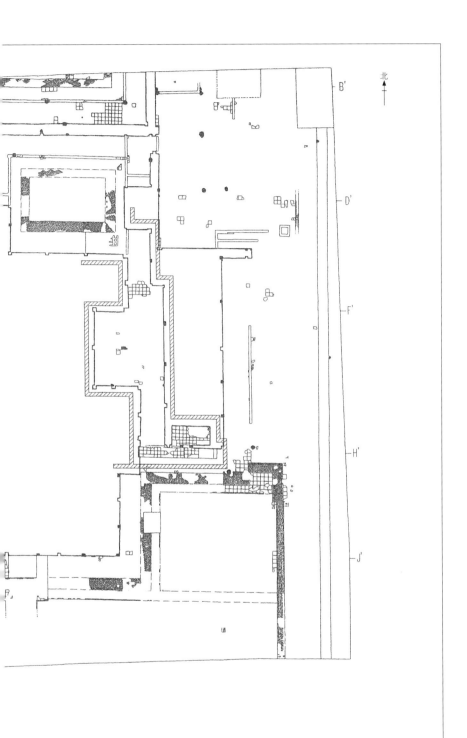

北

B'

D'

F'

H'

J'

说明：距离遗址边缘600处,于灰土层上砌370砖墙一周作挡土墙,位置见图

八 桂宫2号建
筑遗址（南
区）挡土墙
位置图

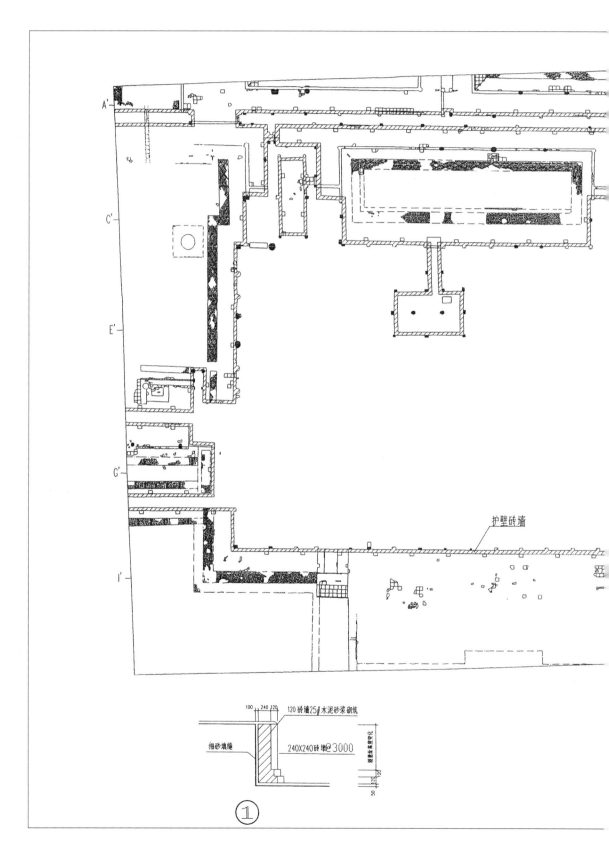

护壁砖墙

100 240 120
120砖墙25#水泥砂浆砌筑

细砂填缝

240X240砖墩@3000

①

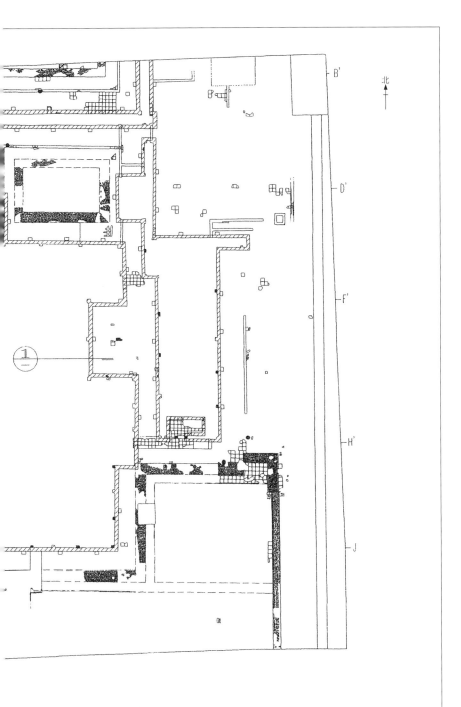

北

① ─

ZF－1 说明:

为保护夯土台四周壁面, 在 50厚细砂保护层上沿夯土台壁砌120砖墙保护,
缝隙用细砂填充, 并每隔3米－－2米做砖墩一个,高度现场确定,
要求上皮与夯土台平或高出夯土台(不能低于夯土台)

九　桂宫2号建筑
　　遗址（南区）
　　护壁墙位置图

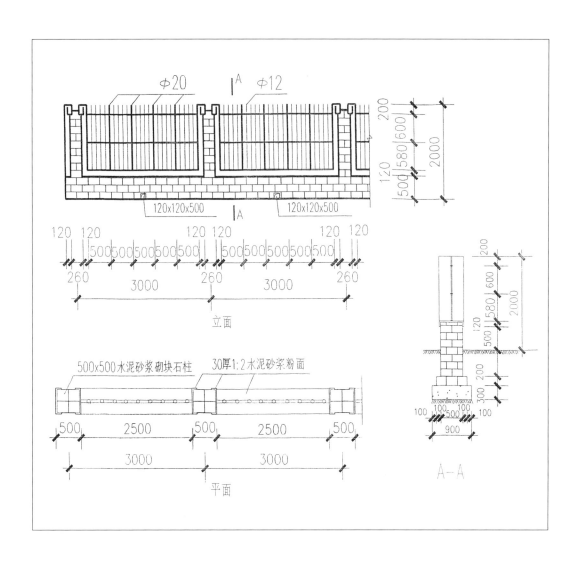

φ20   φ12

120x120x500   120x120x500

200
120
500|580|600
2000

120 120   120 120   120 120
500|500|500|500|500   500|500|500|500|500
260   3000   260   3000   260

立面

200
120
500|580|600
2000

500x500水泥砂浆砌块石柱   30厚1:2水泥砂浆粉面

500   2500   500   2500   500
3000   3000

200
300
100|100|500|100|100
900

A—A

平面

一〇 桂宫2号建筑遗址（南区）栏杆大样图

彩色图版

泾河

渠

惠

渭

河

渭

灞河

汉长
安城

西安市

沪河

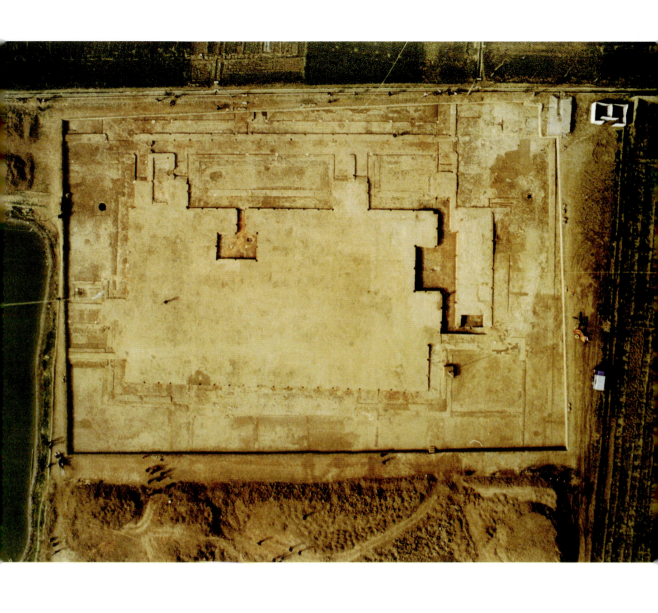

一 汉长安城桂宫2号建筑遗址（南区）保护工程实施前原状（鸟瞰）

二　桂宫2号建筑遗址（南区）保护工程实施前原状（东南—西北）

三　桂宫2号建筑遗址（北区、鸟瞰）

四　桂宫2号建筑遗址（北区）地下通道

九　殿堂台基西部瓦片散水保护工程实施前原状

一〇　殿堂台基西部瓦片散水保护工程完工后现状

154

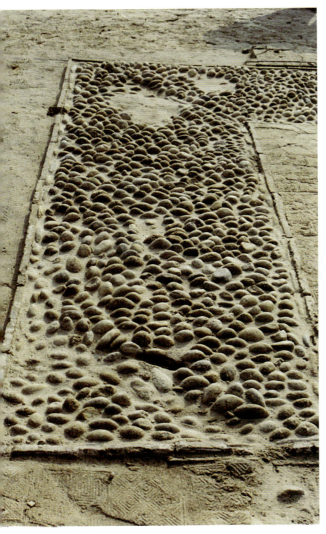

一一　殿堂台基西南角卵石散水保护工程实施前原状
一二　殿堂台基西南角卵石散水保护工程完工后现状
一三　殿堂台基西南部卵石散水保护工程实施前原状
一四　殿堂台基西南部卵石散水保护工程完工后现状

155

一五　殿堂台基东南角瓦片通道保护工程实施前原状

一六　殿堂台基东南角瓦片通道保护工程完工后现状

一七　殿堂台基南部东阶保护工程实施前原状

一八　殿堂台基南部东阶保护工程完工后现状

一九　殿堂台基南部西阶保护工程实施前原状

二〇　殿堂台基南部西阶保护工程完工后现状

二一　1号院北侧保护工程实施前原状

二二　1号院北侧保护工程完工后现状

二三　1号院西南角柱础石保护工程实施前原状

二四　1号院西南角柱础石保护工程完工后现状

160

三七　3号院和4号房址保护工程实施前原状

三八　3号院和4号房址保护工程完工后现状

166

三九　3号院卵石散水保护工程实施前原状

四〇　3号院卵石散水保护工程完工后现状

四一　1号房址保护工程实施前原状
四二　1号房址保护工程完工后现状
四三　1号房址西侧保护工程实施前原状

四九　3号房址柱础石保护工程实施前原状

五〇　3号房址柱础石保护工程完工后现状

五一　3号房址地面砖保护工程实施前原状

五二　3号房址地面砖保护工程完工后现状

五三　3、5号房址南侧卵石散水保护工程实施前原状
五四　3、5号房址南侧卵石散水保护工程完工后现状

五五　3、5号房址通道保护工程实施前原状

五六　3、5号房址通道保护工程完工后现状

五七　3、6号房址保护工程实施前原状

五八　3、6号房址保护工程完工后现状

五九　4号房址保护工程实施前原状
六〇　4号房址保护工程完工后现状

六一　5号房址东南角卵石散水保护工程实施前原状
六二　5号房址东南角卵石散水保护工程完工后现状

六六 浴池保护工程完工后现状

六七 水井保护工程实施前原状

六八 水井保护工程完工后现状

六九　渗水井保护工程实施前原状
七〇　渗水井保护工程完工后现状
七一　排水沟保护工程实施前原状

八四　2005年西安市委常委、市委副书记李书磊（右二）视察桂宫2号建筑遗址（南区）

八五　2005年西安市副市长信长星（左二）视察桂宫2号建筑遗址（南区）

八六　2005年西安市文物管理局党委书记、局长郑育林（右三）和未央区区长郭大为（右四）等视察桂宫2号建筑遗址（南区）

八七　2005年国家文物局考古专家组组长、国家文物局原副局长、著名考古
　　　学家黄景略（左一）等专家考察汉长安城桂宫2号建筑遗址（南区）

八八　2005年世界银行专家考察桂宫2号建筑遗址（南区）

八九　2005年在陕全国人大代表视察桂宫2号建筑遗址（南区）

九〇　2006年世界银行交通管理首席专家爱德华·道森考察桂宫2号建筑遗址（南区）

九一　2007年西安市委常委、副市长韩松（左二）视察桂宫2号建筑遗址（南区）

九二　2007年西安市委常委、副市长蒋树瑛（左四）视察桂宫2号建筑遗址（南区）

后 记

汉长安城桂宫2号建筑遗址（南区）保护工程自2002年9月开始，至2004年8月顺利完工。

由于该项目是汉长安城遗址内第一次对已发掘的考古遗址实施的保护工程，因此在施工期间得到了国家文物局、陕西省文物局、西安市文物局领导的高度重视和支持，顾玉才、关强、周魁英、赵强、向德、黄伟、张正杰、冯滨等多次深入工地参加工程方案审议，指导工程进度，中国社会科学院考古研究所汉长安城工作队李毓芳、刘振东、张建锋，陕西省古建设计研究所侯卫东、王伟、茹小珍、张伟等，也对施工的具体细节给予及时、细心的指导，确保了整个保护工程的顺利进行。

该保护工程完工多年来，其保护模式获得许多领导和专家的肯定。为全面复原保护工程实施时的情况，为未来的大遗址保护工作累积经验，在西安市文物局、西安市汉长安城遗址保管所各级领导的支持下，我们组织工作人员编写了《汉长安城桂宫2号建筑遗址（南区）保护工程报告》。

报告从汉长安城和桂宫的历史沿革入手，尽可能翔实地向读者介绍了桂宫2号建筑遗址保护前的遗址现状、保护工程的施工过程和施工后的展示效果，并对后期管理工作中出现的问题予以分析比较，提出解决办法。

由于距保护工程结束时间较长，加之编者为基层工作人员，考虑问题难免不够到位，表述也有不周之处，在此恳请方家批评指正。

此书的编写承蒙西安市古代建筑工程公司工程师郭建良的帮助，在此谨表谢忱。

编 者

2012年9月22日